现代经济学理论与发展研究

李云荣 著

哈尔滨出版社
HARBIN PUBLISHING HOUSE

图书在版编目（CIP）数据

现代经济学理论与发展研究 / 李云荣著． — 哈尔滨：哈尔滨出版社，2022.12
　ISBN 978-7-5484-6701-4

　Ⅰ．①现… Ⅱ．①李… Ⅲ．①经济学－研究 Ⅳ.①F0

中国版本图书馆CIP数据核字（2022）第 158639 号

书　　名：	现代经济学理论与发展研究
	XIANDAI JINGJIXUE LILUN YU FAZHAN YANJIU
作　　者：	李云荣　著
责任编辑：	韩伟锋
封面设计：	李　阳
出版发行：	哈尔滨出版社（Harbin Publishing House）
社　　址：	哈尔滨市香坊区泰山路 82-9 号　邮编：150090
经　　销：	全国新华书店
印　　刷：	廊坊市广阳区九洲印刷厂
网　　址：	www.hrbcbs.com
E - mail：	hrbcbs@yeah.net
编辑版权热线：	（0451）87900271　87900272
开　　本：	787mm×1092mm　1/16　印张：10.5　字数：230 千字
版　　次：	2023 年 1 月第 1 版
印　　次：	2023 年 1 月第 1 次印刷
书　　号：	ISBN 978-7-5484-6701-4
定　　价：	68.00 元

凡购本社图书发现印装错误，请与本社印制部联系调换。
服务热线：（0451）87900279

前 言

契合是理论体系建立和发展的基础，这不仅体现在自然科学中，对社会科学的发展也具有重要的启发意义。究其原因，社会关系中人类行为不能割裂，同一个人的所有行动都是基于一种机理。迄今为止，社会科学之间的合作和契合的步伐还相当缓慢，甚至有逐渐割裂的趋势，这种状况在经济学与社会科学其他分支之间表现得尤其明显。因此，现代经济学的发展就有赖于经济学和社会科学其他分支之间的重新契合。为此，一个全面的经济学理论研究包含了四个层次：理论方法层次、理论知识层次、理论表达层次和理论检验层次。其中，前两个层次是主要的，需要非常高的知识要求，需要对人类长期所积累的知识进行梳理和契合。在很大程度上，契合本身就是理论发展的必然途径，是知识交流和互补的必然结果，这不仅体现在自然科学中，也体现在社会科学中。

现代经济学的一个显著特点是越来越多地使用数学（包括统计学）。现在几乎每一个经济学领域都用到数学，有的领域多些，有的领域少些，而绝大多数的经济学前沿论文都包含数学或计量模型。从现代经济学作为一种分析框架的角度来看，这并不难理解，因为参照系的建立和分析工具的发展通常都要借助数学。下面我们分别从理论研究和实证（empirical，又译经验）研究两方面来具体看一下数学在现代经济学研究中的作用。

现代主流经济学热衷于照搬自然科学的研究思维和方法，这种强烈的方法论导向而非问题导向把经济学引入了一个致命误区：一者，经济学相对于自然科学缺乏定量的特性；二者，数学泛滥形成了以数学公式推演替代经济理论演绎的倾向。尽管如此，绝大多数经济学家却依旧保持熟视无睹的心态，甚至把反思者嘲讽为分析上的无能力者。其实，经济学具有不同于自然科学的学科特性，它研究的是社会现象背后的本质以及相互之间的作用机理，显然，这不是一个普适性的结论。因此，我们不能用形式逻辑一致性来评估经济理论的科学性，相反，经济理论的发展有赖于研究者的知识素养和人文关怀。

目 录

第一章 现代化经济理论基础 ... 1
- 第一节 现代化经济理论逻辑和实践基础 ... 1
- 第二节 现代化经济体系的理论和实证研究 ... 3
- 第三节 现代政治经济学重大前沿问题 ... 8
- 第四节 现代经济学的方法论反思与理论发展 ... 26
- 第五节 现代化经济体系视域下的供给侧结构性改革 ... 31
- 第六节 现代化经济体系：基本框架、关键问题与理论创新 ... 41

第二章 现代市场经济理论与发展 ... 53
- 第一节 现代市场经济的特征 ... 53
- 第二节 "市场决定性"与中国现代管理理论 ... 57
- 第三节 标准化与现代市场经济理论 ... 67
- 第四节 现代市场经济的成本控制新理念 ... 69
- 第五节 现代市场经济对社会信任的内在需求 ... 71
- 第六节 在深化改革中完善现代市场经济体系 ... 74

第三章 现代绿色经济理论与发展 ... 80
- 第一节 税制改革与发展绿色经济 ... 80
- 第二节 云计算助力绿色经济发展 ... 85
- 第三节 金融支持绿色经济发展 ... 88
- 第四节 论可持续发展与绿色经济 ... 92
- 第五节 以节水环保促进绿色经济发展 ... 96
- 第六节 资源型城市向绿色经济转型 ... 100
- 第七节 非公有企业促进绿色经济发展 ... 103

第四章 现代循环经济的理论与发展 ······ 114
第一节 循环经济的概念 ······ 114
第二节 我国循环经济的实践与探索 ······ 116
第三节 大力发展循环经济难题与对策 ······ 121
第四节 财税政策扶持循环经济发展 ······ 125
第五节 循环经济下的环境管理 ······ 128

第五章 现代区域经济的理论与发展 ······ 132
第一节 优化产业结构 推动区域经济发展 ······ 132
第二节 产业结构调整对区域经济增长的作用机理 ······ 135
第三节 循环经济模式下的区域产业结构优化 ······ 140
第四节 电子商务对区域经济结构与范围的影响 ······ 146
第五节 政府在协调区域产业结构中经济政策的均衡性 ······ 153
第六节 我国区域税收负担差异与地区产业结构关系 ······ 156

参考文献 ······ 160

第一章 现代化经济理论基础

第一节 现代化经济理论逻辑和实践基础

现代化经济体系的构建是指引我国社会经济改革与发展的基本航标,象征着我国社会经济发展已经跨入新时代,整体发展思路也实现了创新和突破。针对现代化经济体系的理论逻辑和实践基础进行了分析和研究,以正确把握其理论逻辑与所需具备的实践基础,促进现代化经济体系建设目标的实现。党的十六大提出要"全面建设小康社会",在十八大上提出要"全面建成小康社会",再到十九大上更加明确而系统地提出"决胜全面建成小康社会,开启全面建设社会主义现代化国家新征程"。同时,还提出要"坚持分两步走的发展战略,在本世纪中叶实现富强民主文明和谐美丽的社会主义现代化强国"。从上述转变过程可以看出,我们党在现代化经济体系的建设上具有较强的理论逻辑,该理论逻辑表现出一定的历史性、时代性特征。这与我国现代化经济体系的具体实践是遥相呼应的[1]。

一、现代化经济体系的理论逻辑分析

我们党在十九大报告中提出了有关现代化经济体系建设的多种提法,包括"我国经济已由高速增长阶段转向高质量发展阶段,正处在转变发展方式、优化经济结构、转换增长动力的攻关期""必须坚持质量第一、效益优先,以供给侧结构性改革为主线"。这些都是立足于我国当前基本国情以及社会主要矛盾发生的新变化而提出的。在这之前还积累了丰富的理论创新成果,包括2014年提出的"中国经济发展已经步入新常态"的理论,以及在同年12月份的中央经济工作会议上提出的"准确把握当前形势并预测未来发展趋势,必须全面认识到我国经济发展的基本规律和特征,树立经济发展新常态的意识"。与此同时,还站在投资与消费需求等多个不同的角度对我国经济的未来发展方向进行了全面分析和解读。提出了"我国经济发展方式正从规模速度型粗放型增长转向

---

[1] 李敦瑞.地缘经济学的理论流派与发展趋向[J].中南财经政法大学学报,2009,172(1):26-29.

质量效率型集约增长，经济结构正从增量扩能为主转向调整存量、做优增量并存的深度调整，经济发展动力已经逐渐突破传统经济增长点的束缚，实现向新经济增长点的转变"。这些都是新时代的重大理论创新成果，为我国"十三五"规划的制定以及供给侧结构性改革的深入推进奠定了坚实的理论基础。

二、现代化经济体系的实践基础

建设实体经济、科技创新、现代金融、人力资源协同发展的产业体系是我国现代化经济体系的实践基础。要做到这一点，就必须对人力资源、现代金融、科技创新以及实体经济之间的关系进行准确把握和处理。

首先，必须处理好虚拟经济和实体经济之间的关系。现阶段，我国虚拟经济和实体经济的发展存在着严重不均衡的问题，实体经济朝着虚拟经济转向的趋势比较明显。调查研究发现，2009年之后，我国实体经济投资占全社会固定资产投资总量的同比增速正呈现逐年下滑的趋势，从2009年到2017年，整整八年的时间就下降为原来的$\frac{1}{5}$左右。相反，由于受到房地产等相关行业高额效益的影响，我国虚拟经济取得了突飞猛进的发展，这就导致实体经济和虚拟经济发展的不均衡性进一步提升。要构建现代化经济体系，确保我国经济的长远健康发展，就必须在加大实体经济发展力度的前提下，科学合理地引导虚拟经济的发展，实现虚拟经济与实体经济占比的优化。

其次，必须处理好人力资源和实体经济的关系。所有行业的发展都需要一定的人才支撑，尤其是对于实体经济中的一些高端技术行业来说更加离不开优秀人才的支持。然而，从当前的现状来看，我国高端人才严重匮乏，在人才培养方面仍然存在投入不足、意识不到位等多方面的问题。在后金融危机的背景下，国外许多发达国家都逐渐将加大人力资本投入作为实现创新型、跨越式发展的基本战略。对于我国来说，应当将产业优化、创新驱动作为基本方向指引，大力发扬工匠精神，着力打造具备较强创新能力、知识素养与专业技能的复合型人才队伍。

最后，还必须处理好技术创新与实体经济的关系。在现代化经济体系的建设过程中，我国应当通过创新来促进实体经济的优化升级，进一步加强在创新方面的投入和研究。同时，政府应当出台鼓励和支持创新的优惠政策，从而为我国创新产业的发展提供有利的政策环境。

现代化经济体系的构建是一项综合性、长期性、系统性的工程，这是在我国经济发展步入新常态的时代背景之下提出的一项重大战略部署，对实现我国经济的可持续发展来说具有不可忽视的重要意义。要实现现代化经济体系建设的目标，首先必须准确把握其理论逻辑，明确提出这一重大任务的基本理论依据。同时，还必须加快四者协同产业体系的构建，为现代化经济体系的建设提供坚实的实践基础。

第二节 现代化经济体系的理论和实证研究

党的十九大从我国已进入新时代中国特色社会主义这一历史方位出发，提出"我国经济已由高速增长阶段转向高质量发展阶段"，同时强调，"建设现代化经济体系是跨越关口的迫切要求和我国发展的战略目标"。这一新的重大论断内容很丰富，需要深入学习深刻领会。下面，就现代化经济体系的有关问题谈点体会。

一、把握现代化经济体系的框架结构

推进现代化经济体系建设，首先要明确什么是经济体系，或者说，经济体系的内涵和边界是什么。要明确什么是经济体系，又要弄清楚什么是体系。所谓体系，通常可以理解为一定范围内的同类事物按照一定的秩序和内部联系组合而成的整体，或者说，是一定范围内不同小系统的集成。根据这一理解，现代化经济体系就是由多维度、多层次的经济子体系构成的经济大体系，主要由6个子体系集合而成，每个子体系又由若干分体系组成，由此构成了一个大系统。

（一）宏观调控体系

这是现代化经济体系的宏观层面，包括财税体系、金融体系及金融监管体系等。党的十八届三中全会通过的《中共中央关于全面深化改革若干重大问题的决定》第四部分"加快转变政府职能"的第一条就是"健全宏观调控体系"，其中提出"健全以国家发展战略和规划为导向、以财政政策和货币政策为主要手段的宏观调控体系"。党的十九大报告强调，"健全金融监管体系，守住不发生系统性金融风险的底线"。十九大报告还提出，"深化税收制度改革，健全地方税体系"。

（二）现代市场体系

这是现代化经济体系的运行基础。《中共中央关于全面深化改革若干问题的决定》第三部分的标题就是"加快完善现代市场体系"。现代市场体系主要是指市场主体、市场要素、各类市场、市场监管等组成的一个相互联系和相互影响的整体。市场主体是指市场的参与者和管理者。市场要素是指构成市场体系的基本元素，包括劳动力、资金、商品、信息等，要素的自由流动是构建现代化经济体系的必要条件，也是判别现代化经

济体系的重要标识。各类市场包括商品市场、劳务市场、信息市场、资本市场、技术市场、产权市场、金融市场、房地产市场等，这些市场相互联系、相互影响，构成了有机联系的市场体系。简言之，市场体系就是相互联系的各类市场的有机统一体。建立和发展统一开放、竞争有序的市场体系，是使市场在资源配置中起决定性作用的基础，也是提高要素配置效率的要求。

（三）现代产业体系

不同产业的相互关联及组成的一个系统，这是现代化经济体系的中观层面。党的十九大报告强调，"着力加快建设实体经济、科技创新、现代金融、人力资源协同发展的产业体系"。现代产业体系包括现代农业产业体系、现代工业体系、现代服务业体系等。十九大报告在论述实施乡村振兴战略时提出，"构建现代农业产业体系、生产体系、经营体系"，强调"健全农业社会化服务体系，实现小农户和现代农业发展有机衔接"。十九大报告在第五部分论述"推动文化事业和文体产业发展"时还提出，"完善公共文化服务体系"，"健全现代文化产业体系和市场体系"。现代产业体系还包括一、二、三产业协同发展的体系、军民深度融合体系等。

（四）现代企业体系

众多企业集合而成的一个整体，这是现代化经济体系的微观层面。十九大报告没有直接使用现代企业体系这个概念，但涉及这方面的内容，如第五部分论述"加快建设创新型国家"时强调，"深化科技体制改革，建立以企业为主体、市场为导向、产学研深度融合的技术创新体系"。再如，十九大报告第五部分第五条"加快完善社会主义市场经济体制"提出的培育具有全球竞争力的世界一流企业、支持民营企业发展等，都是与现代企业体系相关的内容。现代化经济体系是建立在现代企业体系基础之上并相互作用的体系。现代企业体系包括不同所有制企业的相互关联及作用，还包括大中小企业的协调发展、企业的现代供应链和价值链体系等。

（五）区域经济体系

不同区域经济体集合而成的整体，这是现代化经济体系的地理分布和空间格局。十九大报告也没有直接使用区域经济体系这一概念，但涉及这方面的内容，十九大报告第五部分第三条"实施乡村振兴战略"、第四条"实施区域协调发展战略"都涉及区域经济体系的内容。区域经济体系包括不同区域经济之间的联系和影响，还包括城乡之间的联系和影响，十九大报告在第八部分"提高保障和改善民生水平，加强和创新社会治理"论述"加强社会保障体系建设"时强调，"统筹城乡社会救助体系"。

（六）对外经济体系

这是现代化经济体系的外联层面。十九大报告并没有直接使用对外经济体系的概念，但第五部分第六条"推动形成全面开放新格局"涉及对外经济体系的内容。中国经济体系是整个世界经济体系的一个重要组成部分，与世界经济体制互联互通，对外经济体系在其中发挥着互联互通的作用。对外经济体系包括我国外经外贸的各种要素及相互关联组成的一个整体。

除上述六个子体系，现代化经济体系还包括现代创新体系，这是现代化经济体系的动力系统。现代产业体系要有现代创新体系引导。十九大报告强调"加强国家创新体系建设，强化战略科技力量"。现代创新体系包括产学研深度融合的创新体系等。这 6+1 个子体系就构成了现代化经济体系的框架结构。

二、抓住建设现代化经济体系的重要支点

明确了现代化经济体系建设的框架结构，还需要明确推进现代化经济体系的着力点或者说重要支点是什么。十九大报告围绕建设现代化经济体系这一战略目标提出了六项重点任务，一是深入推进供给侧结构性改革，二是加快建设创新型国家，三是实施乡村振兴战略，四是实施区域协调发展战略，五是加快完善社会主义市场经济体制，六是推动形成全面开放新格局。推进现代化经济体系需要切实做好这六项工作，持之以恒抓出成效。根据这六项任务，建设现代化经济体系必须把握好六个重要支点。

（一）贯彻一个发展理念

坚持创新、协调、绿色、开放、共享的新发展理念是新时代坚持和发展中国特色社会主义的一条基本方略。建设现代化经济体系必须以新发展理念为引领，十九大报告第五部分的题目就是"贯彻新发展理念，建设现代化经济体系"，这既是落实新发展理念对建设现代化经济体系的要求，也是衡量经济体系是否达到现代化要求的标准。十九大报告第九部分"加快生态文明体制改革，建设美丽中国"在论述"推进绿色发展"时强调，"加快建立绿色生产和消费的法律制度和政策导向，建立健全绿色低碳循环发展的经济体系"。我们必须认真贯彻十九大精神，把新发展理念贯穿于建设现代化经济体系的全过程。

（二）围绕一个发展主线

深化供给侧结构性改革是我国经济发展和经济工作的主线，也是解决我国经济发展面临的结构性问题的关键所在。十九大报告提出，"以供给侧结构性改革为主线，推动经济发展质量变革、效率变革、动力变革，提高全要素生产率"。建设现代化经济体系，

必须牢牢把握供给侧结构性改革这条主线，努力实现三个变革。

（三）明确一个主攻方向

坚持质量第一、效益优先，这是我国经济由高速增长阶段转向高质量发展阶段的必然要求。与此相适应，十九大报告提出，"把提高供给体系质量作为主攻方向，显著增强我国经济质量优势"。现代化经济体系的建立要有利于产品和服务的质量不断提高，有利于全要素生产率的不断提升，有利于引导和激励企业不断升级，追求卓越，提高价值创造能力，更好满足人民群众对美好生活的更高需要。建设现代化经济体系必须聚焦提高供给体系质量这一主攻方向，为实现更高质量更好效益的发展提供体系保证[2]。

（四）守住一个发展根基

十九大报告强调，"建设现代化经济体系，必须把发展经济的着力点放在实体经济上"。这是当前强调发展实体经济和提升发展质量的背景所在。建设现代化经济体系，把着力点放在坚持发展实体经济特别是现代制造业上来，纠正这些年出现的"脱实向虚"的一些倾向。

（五）筑牢一个战略支撑

创新是人类社会不断进步的动力，被置于新发展理念之首。十九大报告强调，"创新是引领发展的第一动力，是建设现代化经济体系的战略支撑"，"要加强国家创新体系建设，强化战略科技力量"。十九大报告还要求，"不断推进理论创新、实践创新、制度创新、文化创新以及其他各方面的创新"。现代化经济体系本身就是一个理论创新，同时也是体系创新，在建设的过程中必须坚持把创新作为战略支撑。

（六）把握一个根本动力

坚持全面深化改革是新时代中国特色社会主义基本方略的一个重要组成部分。推进现代化经济体系建设难免会遇到各种体制机制障碍，难免会遇到固化利益的阻碍，必须坚持用改革的办法推进现代化经济体系建设。十九大报告把"加快完善社会主义市场经济体制"作为建设现代化经济体系的一项重大措施，并强调"经济体制改革必须以完善产权制度和要素市场化配置为重点，实现产权有效激励、要素自由流动、价格反应灵活、竞争公平有序、企业优胜劣汰"。建设现代化经济体系必须把握改革这个根本动力，坚决破除一切不合时宜的思想观念和体制机制弊端，突破利益固化的藩篱。

三、做好现代化经济体系研究的基础工作

以往的文件在论述经济发展时，在"体系"之前使用的都是"现代"这一术语，现

---
[2] 陈才. 图们江流域的区域国际合作开发模式 [J]. 地理学报, 1999, 54（S）: 65-75.

代化经济体系是一个新提法、新概念，有许多理论问题和实际问题有待探讨，需要我们结合中国实际问题进行深入研究。

（一）要加强现代化经济体系的理论研究

作为一个战略目标，作为一个新的论断，推进现代化经济体系建设必须加强理论研究，用理论自觉推进行动自觉。作为经济体系，需要研究的问题不少，包括经济体系是否是客观存在，如果是客观存在为什么还需要构建和完善？还包括什么是现代化经济体系？现代化经济体系是否等同于经济体系的现代化？需要研究的还有，现代化经济体系的理论基础是什么？现代化经济体系的一般规律和特殊规律是什么？现代化经济体系与社会主义市场经济体制是什么关系？现代化经济体系中政府与市场的作用等。

（二）加强现代化经济体系的实证研究

开展现代化经济体系的研究，主要目的不是用于得出结论，而是要用于指导工作，这就要求既要重视理论研究，也要注重方法研究。实证研究是认识客观现象，提供实在、有用、确定、精确的一种研究方法。实证研究力求超越或排斥价值判断，强调客观现象的内在构成因素及因素的普遍联系，努力提示客观事物或现象的本质、自身的运行规律及内在逻辑。实证研究虽然也要设定假设条件，提出理论假说，但注重事实验证，强调搜集并分类相关的事实资料，根据经验和事实进行检验。建设现代化经济体系，既是一个重大的理论问题，也是迫切的实际问题，需要理论和实际的紧密结合，使得出的结论更加具有客观性、真实性和可行性，因此，要重视实证方法的研究。

（三）加强现代化经济体系的指标体系研究

确立指标体系是开展现代化经济体系研究的一项重要任务，只有建立一整套合理可量化的指标体系，现代化经济体系才更科学，更精准，更好操作，也便于各行各业开展相应指标的对标找差距。现代化经济体系的确立要坚持系统性原则、科学性原则、可量化原则、简明性原则、动态性原则等。各指标之间要有一定的逻辑关系，不但要从不同的侧面反映各子体系的主要特征和状态，而且还要反映各子体系之间的内在联系。每一个子系统由一组指标构成，各指标之间相互独立，又彼此联系，共同构成一个有机的统一体。指标体系的构建具有层次性，自上而下，从宏观到微观层层深入，形成一个完整的系统的不可分割的指标评价体系。

（四）加强现代化经济体系的系统性研究

注重系统性、整体性、协同性，这是以习近平同志为核心的党中央多次强调的推进各项工作的一个重要方法，也是习近平新时代中国特色社会主义思想的一个重要特点。

开展现代化经济体系研究，既要注重现代化经济体系框架结构和构成要素的研究，也要重视现代化经济体系内部各个子系统相互关联及影响的研究，这是建设现代化经济体系的题中之义，也是开展现代化经济体系研究的应有任务。开展现代化经济体系研究，还要注重经济体系与其他体系相互联系及作用的研究。十九大报告除提到经济体系及与经济体系密切相关的体系外，还提到 20 多种体系，包括制度体系、法律体系、法治体系、核心价值体系、生态体系、技术创新体系、政策体系、服务体系、治理体系、培训体系、保障体系、救助体系、安全体系、治安防控体系、能源体系、自然保护地体系、现代作战体系、军人荣誉体系、人才培养体系、网络信息体系、国防动员体系、党和国家监督体系等，这些众多体系与经济体系紧密相连，相互影响，共同构成了新时代中国特色社会主义的体系群。建设新时代中国特色社会主义，在推进现代化经济体系建设的同时，还要推进多方面的体系建设，这就要求加强经济体系与其他体系之间相互关联等问题的研究，这也是建设现代化经济体系需要研究的一个重要课题。

（五）加强体系有效运转的机制建设研究

体系的构建类似于一幢大厦的四梁八柱，体系要有效运转，必须有机制驱动。党的十八届三中全会强调"使市场在资源配置中起决定性作用"，实际上就是强调通过市场竞争、供求关系、自由交换、价格作用等机制实现资源的优化配置。市场机制是供求、价格、竞争、风险等要素之间互相联系及作用的一套机理，是市场经济的决定性功能，是经济增长过程中最重要的驱动因素。十九大报告在大量论述建立体系时，多处强调要建立健全机制，如在论述"实施区域协调发展战略"时强调，"建立更加有效的区域协调发展新机制"，在论述"创新和完善宏观调控"时，强调"健全财政、货币、产业、区域等经济政策协调机制"等。推进现代化经济体系建设，必须把与现代化经济体系密切相关的机制研究提上重要议事日程。

第三节 现代政治经济学重大前沿问题

本节围绕现代政治经济学若干重大理论问题，诸如联合生产的"负价值"、商品价值量变动规律、价值转型、平均利润率下降规律、经济长波、公平与效率、国际不平等交换以及虚拟经济与虚拟价值等问题进行了理论梳理。在这一基础上沿着这些理论争论的关键点，对价值理论的新理论、经济增长与经济周期、收入分配和国际交换不平等性、虚拟价值的宏观经济框架及其应用四大方面，将国内外学术界关于这些问题跨世纪的挑战与辩护的核心点进行了概括与总结，并同时进行了新的思考与探讨。就价值理论的新理论而言，我们针对"斯蒂德曼诘难"，提出了环境领域"负价值"理论；为回应"世纪之谜"，探析了竞争与垄断、同类异质商品和联合生产背景下商品价值量变动规律；面对转型问题"百年之争"的"盲人摸象"，进行了动态转型模拟的实例演示。就经济增长与经济周期而言，为批判"置盐定理"，建立了技术与制度有机构成理论模型；在对三大长波理论进行比较的基础上，建立了基于技术力、制度力、耦合力的长波理论。就收入分配和国际交换不平等性而言，针对我国收入分配的"倒逆"现象，将机会不平等纳入马克思主义收入分配理论框架之内进行理论分析；根据国际经济三大领域中国际不平等交换的新变化，提出了国际不平等交融理论。就虚拟价值与虚拟经济而言，构建了虚拟经济理论模型，并将其应用到"互联网+"和"比特币"以及"新媒体"等若干领域。

自马克思主义经济学创立以来，现代政治经济学体系中的若干重大理论问题都遭受到来自内部的质疑与外部的挑战。联合生产的"负价值"、商品价值量变动规律、价值转型、平均利润率下降规律、经济长波、机会公平、国际不平等交换和虚拟经济等问题不仅在社会实践中举足轻重，而且每一个问题都关乎马克思主义经济学整个理论体系是否成立。更为重要的是，国内外学界围绕着这些问题已经进行了百余年和跨世纪的辩护性与批判性争论，至今仍难达成共识。

为此，对于这些现代政治经济学重大前沿问题，我们从价值理论的新理论探索、经济增长与经济周期、收入分配和国际交换中的不平等性以及虚拟价值的宏观经济框架四个方面，进行了新的理论探索，做出符合现实的新解释。这不仅是马克思主义经济学国际化、现代化和中国化发展的需要，对于解决全球共同问题、指导当代社会经济发展实践也具有重要的现实意义。

基于这样的理论使命与现实背景，本节将围绕现代政治经济学这些重大前沿问题进行理论梳理，并在此基础上提出一些新的研究思路。

一、关于价值理论的新理论探索与实证研究

价值理论作为马克思主义经济学的理论基石，在现时期，却面临着来自理论与现实的共同挑战：一是关于"斯蒂德曼诘难"与资源环境的劳动价值之论争，如何从劳动价值论出发对污染物定价给予合理的解释，不仅是理论创新之需要，更是现实之诉求；二是关于商品价值量变动规律的争论，这一争论引发了学术界的广泛讨论，而且这一争论旷日持久，至今仍未达成共识，被誉为"世纪之谜"，也成为现代政治经济学的重大难

题之一；三是价值转型理论的动态化探索，价值转型是马克思价值理论与生产价格理论中重要组成部分，这一理论问题的研究，不仅是解决转型问题，回应"百年之争"，发展和完善劳动价值理论的需要，也是应对国内外经济形势变化和我国社会主义市场经济体制建设和经济发展的现实所需。

（一）关于"斯蒂德曼诘难"与环境领域"负价值"理论

在理论上，英国经济学家斯蒂德曼以联合生产条件下存在负价值和负剩余价值为名，认为正利润可以与负剩余价值同时存在，从而否定了"马克思主义基本定理"，否定了劳动价值理论的科学性。

从现实来看，尽管生态环境问题使得可持续发展受到了极大挑战，环境污染问题日益成为人们关注的焦点，环境污染治理最为重要的污染定价问题却一直未得到解决。尤其是如何基于劳动价值论给出说明与解释，是马克思主义经济学所面临的重大现实挑战。

学术界面对来自这两个方面的理论质疑与现实需要进行了种种的理论讨论与创新性研究[3]。

1. "斯蒂德曼诘难"引起了国内外学者的高度重视，他们纷纷对斯蒂德曼所谓的"负价值"提出质疑和批判。如置盐信雄、森岛通夫、伊藤诚、白暴力、张忠任、余斌、冯金华等都从不同角度分析了联合生产中的"负价值"问题，对"斯蒂德曼诘难"展开了批评。综观这些研究成果我们不难发现，在这个问题的讨论中，虽然理论界提出了许多新的见解，但是，这些研究大多是在改变"斯蒂德曼诘难"原假定的新认识，没有脱离斯蒂德曼的分析框架，以致仍然无法真正破解这一"诘难"。

2. 经济可持续发展的核心理论是要创建资源环境价值理论，解决其定价问题。但是，由于在西方经济学框架下，资源环境具有外部性，市场不能形成均衡的环境价格，而在马克思主义经济学框架下，资源环境是非劳动产品，必须从劳动价值理论以外来分析和研究其价值问题。为此，自20世纪70年代起，国内外马克思主义学者开始关注生态问题，并形成了生态马克思主义。但是，这些研究多数是在哲学框架下进行的，从经济学视角的研究虽然也有进展，但在马克思主义经济学逻辑下，对于资源环境进行量化性的解释尚显不足。

这样的理论与现实背景就为我们提出了一个新的课题，必须对这些重大的前沿理论和实践问题进行创新性研究和新的实证分析。为此，我们尝试作了如下几个理论探索与实证分析。

首先，富有创建性地提出并建立了资源环境领域的"负价值"理论。我们认为，就

---

[3] 刘继生，刘力. 亚太地区政治经济形势的特点与东北亚区域经济合作[J]. 人文地理，1993，8（2）：20-23.

斯蒂德曼"负价值"的理论逻辑而言，没有什么研究价值，因为两种联合生产出来的产品价值总额如何分配的问题，终究还是取决于市场的配置，与劳动价值理论是否科学没有必然的联系。但是，就"负价值"这一概念本身而言却具有极强的经济学价值，它可以为我们研究资源环境经济学提供一个重要的理论支持。因此，我们认为破解"斯蒂德曼诘难"最好的方式是从联合生产条件下的"负价值"概念中挖掘出真正的科学内涵，为环境经济学提供价值基础。

为此，我们先是承认联合生产中"负价值"的存在性，但将其限定在产生环境污染的联合生产之中，以此作为破解"斯蒂德曼诘难"的突破口。同时也赋予环境领域的"负价值"以新的内涵，即"负价值"作为副产品存在于联合生产中，具有负使用价值（即污染物），是与正使用价值（有用物）的价值相对应的一种价值损失，并且由生产和净化这一副产品所需要耗费的社会必要劳动时间来决定。我们还进一步认为，如果人类的生产活动都将资源环境纳入其中，作为社会生产活动的基本约束条件，那么，"负价值"这一理论也具有一般意义，即在人类的任何生产活动中都存在"负价值"的问题。

这一研究无疑对拓展劳动价值论具有重要的意义，同时也增强了劳动价值理论在现时期的解释力。

其次，为污染物定价权提供了理论依据，摆脱了污染物定价的劳动价值论的困境。在对"负价值"进行重新界定的基础上，我们认为，作为一种价值损失，"负价值"量的大小与一般商品价值量的决定一样，也是由净化或消除这一负使用价值所耗费的社会必要劳动时间决定。显然，"负价值"量的决定就和联合生产（包括生产过程和净化过程）的劳动生产率以及需要处理的污染物的数量紧密相关。这就解决了劳动价值论中关于负使用价值（污染物）的定价难题，为环境经济学中污染物的定价找到了价值基础。

再次，将"负价值"理论运用于绿色技术分类、产品定价和绿色经济核算等领域，提出诸多创新性观点。根据"负价值"理论，我们将资本有机构成分为环境破坏的资本有机构成 OED、环境友好的资本有机构成 OEF 和环境改善的资本有机构成三种类型，为技术分类奠定了理论基础。并提出从整个社会来看，污染治理所耗费的劳动越多，产品的价值量越大，以此核算的社会总产品价值或经济总量就越大。据此，我们认为传统的 GDP 核算存在缺陷，应该将环境成本核算纳入绿色 GDP 的核算当中。

最后，针对环境领域的"负价值"理论结论与应用展开经验研究和实证分析。我们分别从企业层面、产业层面和社会层面，即微观、中观和宏观三个层面，通过经验研究与实证分析，论证了污染负价值的存在性、污染物排放权定价以及绿色 GDP 核算与负价值的关系。这不仅证实了我们的理论研究结论，也开启了劳动价值理论以及"负价值"

理论的实证研究之门。

（二）关于"世纪之谜"与商品价值量的变动规律新解释

我国学者对"世纪之谜"与商品价值量的变动规律问题的讨论大致可以归纳为如下三类。

1. 对马克思主义经济学的成反比理论产生怀疑，提出成正比的观点。比如，孙连成、叶航、李翀等从不同的角度对商品价值量的变动规律进行了研究，质疑地分析了经典马克思主义经济学成反比命题的局限，并有条件地提出了成正比的观点。但是这些研究结论主要还是在改变"世纪之谜"的部分原假设的基础上得到的，分析逻辑和框架依旧局限在马克思原有的逻辑思想中，没有取得实质性突破[4]。

2. 继续坚持成反比理论，认为马克思在《资本论》第一卷中的经典成反比命题并没有错，无论劳动生产率的变化是由何种因素引起的，"商品的价值量与劳动生产率成反比"总是成立的。

3. 尝试从创新视角破解"世纪之谜"。例如，程恩富和马艳从影响劳动生产率的因素中引入劳动的主观条件，张忠任从"期差性"理论，孟捷从论证劳动与资本在价值创造中可能存在正和关系，王朝科从构建成反比理论的标准表达式等各种新视角、新理论，对"世纪之谜"进行了创新性研究。这些创新性研究在不同程度上深化和丰富了"世纪之谜"的研究视角和方法。

我们认为学术界关于破解"世纪之谜"的讨论，无论是对原假设的拓展还是另辟蹊径的创新性研究，都存在一个对于现实背景条件的充分假定。诸如经典的商品价值量变动规律是在资本主义自由竞争、同类同质商品、单一生产背景下的理论结论，而现代的理论探讨则都是以垄断竞争和联合生产为常态，以同类异质商品是主流商品为背景条件。这样，在一个现实的背景条件下去维护经典理论的原结论或者进行理论创新也就不很恰当。

为此，我们尝试在现实经济条件发生新变化的条件下，对经典理论进行一些新的探索。

首先，基于竞争与垄断背景下的探讨。我们认为，当市场由竞争转向垄断时，行业由少数大企业独占，竞争状态下数量众多的原子型企业形态不复存在；受制于技术、资本、劳动力等垄断，阻碍了生产要素的自由流动，同一种劳动的差异化情况开始普遍化；垄断状态下会出现垄断的社会必要劳动时间与竞争的社会必要劳动时间，并且二者很难进行转换和均等化，这些新变化使得竞争条件下马克思关于同一部门、同一劳动、同一时间的原假定条件都不再成立，那么垄断状态下可能存在成正比、成反比、不确定三种状态。在垄断状态中，垄断企业也可以凭借垄断地位制定垄断高价使得成正比关系成立。

---

[4] 倪世雄，潜旭明. 新地缘政治与和谐世界[J]. 清华大学学报（哲学社会科学版），2008，23（5）：123-125.

因而，在垄断状态中，在成反比关系存在的情况下，成正比关系成为一种新常态。

其次，基于同类不同种商品视角下的分析。所谓的同类不同种商品是指用途一致，但功能有所差异的商品的集合。随着社会经济的不断发展，同类不同种商品作为一种经济现象就成为一种商品形式的常态。以不同种商品，以及生产不同种商品的不同劳动为基本出发点，我们所面临的分析对象也就完全剔除了同类同种商品，演变为同类不同种商品。因此，同类不同种商品的单位商品价值量与劳动生产率究竟成反比还是成正比就取决于劳动主观条件和劳动客观条件如何变化。在只有劳动主观条件变化，以及劳动主观条件与劳动客观条件同时变化且劳动主观条件的变化幅度大于劳动客观条件的变化幅度这两类情况下，可以得出成正比的结论，这也为"世纪之谜"提供了一个较为合理的解释。

再次，基于联合生产条件下的探究。在当前经济活动中，"单一生产"的原假定条件难以符合现实条件，因为一个经济过程往往伴随着多种产品产出。比如在资源环境问题日益突出的今天，同一生产过程中不仅产出经济物品，也会伴随着污染物等副产品的产出。若固守"单一生产"的假定就难以科学探究环境领域价值量的变动规律，因此，有必要将"单一生产"这一假定条件拓展为"联合生产"。在"联合生产"的假定条件下，我们发现：如果对污染物进行清除，则单位商品价值量与劳动生产率有可能成正比；如果不对污染物进行清除，则单位商品价值量与劳动生产率成反比；如果在绿色技术进步条件下，单位商品价值量与劳动生产率也是成反比的。不难发现，后两种情况的价值量变动规律均与"单一生产"的情况类似，当然，在这里我们并未细分劳动的主观条件与客观条件如何变化。

最后，我们首次利用新的计量方法对商品价值变动规律进行了实证分析。学术界大多从理论层面对"世纪之谜"进行探讨，还没有从实证角度对其进行研究，我们对完全竞争市场、垄断竞争市场、完全垄断市场中的商品价值量与劳动生产率的变动关系进行了实证检验。将计算机与电子行业、石油与煤炭行业、烟草行业分别看作是这三种市场结构的代表性行业，从实证结果来看，这三个行业中单位商品价值量与劳动生产率之间的关系分别是完全成反比、成正比和反比皆有可能、完全成正比，这与我们理论分析的结果相一致，使得我们的研究更加严谨。

（三）关于转型问题"百年之争"和动态转型模型的实例演示

从理论上来看，转型问题是自《资本论》第三卷出版百余年以来，围绕价值到生产价格的转化问题所展开的争论。这些争论可以概括为古典解法、新李嘉图主义解法、新解主义解法、TSS学派、中国解法等五大解法，可归纳为计量单位问题、伪问题等七大焦点问题。转型毕竟是一个从价值到生产价格转化的动态过程,近年来,在转型问题的研究和争论中,一些学者通过引入时间因素试图将转型动态化,从而得出生产价格和平均利润率的形成过程。这些学者包括森岛通夫、置言信雄、克里曼、丁堡骏、张忠任、吕昌会以及冯金华等。但这些关于转型问题的研究和争论对转型的动态过程仍缺乏深入的研究。因此,百年来的争论并未能够达成共识,争论仍未终止。

从现实来看,转型问题的研究对经济发展有着重要的启示作用。

1.在西方经济社会风起云涌,西方经济理论派别林立却存在根本缺陷的情况下,马克思主义经济学的发展必须从基础理论创新入手,增强现实解释力及其实际应用。而价值转型理论是马克思主义经济学的重要基础理论,也是马克思主义经济学发展创新的最佳切入点。

2.完善社会主义市场经济体制的前提是要有一套健全的商品价格体系。目前,我国社会主义市场经济建设还处于不断完善中,在价格形成机制上,借鉴西方经济理论中合理成分的同时,亟须完善马克思的价值转型理论,以科学的劳动价值理论为基础,以市场主体竞争关系为动力机制,建立一套反映市场经济的价格体系。

3.加快我国产业结构优化调整,促进国民经济又好又快发展,也需要对产业结构的演变规律进行探索,动态转型理论研究可以为产业结构变迁提供马克思主义经济学理论支撑。

然而,从现有研究来看,尽管百年来学者们对这一问题一直争论不断,但始终难以脱离静态分析的视角。也有很多国内外的学者将时间因素纳入转型问题的研究当中,试图使转型问题的研究动态化。尽管他们对此做出了大量的努力,但是我们认为,动态的研究并非仅仅将时间考虑在内,更为重要的是研究转型的具体过程或者平均利润率的具体形成机制及其对转型结果影响的研究。

鉴于此,我们构建了动态价值转型模型,进一步完善动态价值转型理论,并将其延伸至仿真模拟和实证性的研究领域。

首先,系统阐述动态价值转型的内在逻辑机理,在此基础上构建和完善动态价值转型模型。我们认为,动态价值转型理论的逻辑机理可以概括为"一个统一、两个基本原理、三个基本命题"。"一个统一"是指,价值理论是相对价值与绝对价值的统一,价值转型理论之所以成立,而非伪问题,正是在于转型强调的是绝对量系统之间的转化;"两个基本原理"是指,"等量劳动创造等量价值""等量资本获得等量利润";"三个基本命题"是,价值转化的实现机制是资本流动与供求规律、"第三大不变性方程"、价值转化形态变化具有长期性和多样性。基于此,我们在前期研究成果的基础上,构建和完善了狭义动态价值转型模型，以及加入垄断因素的广义动态价值转型模型。

其次，通过设置转型变量的函数关系，运用计算机软件对动态价值转型模型进行仿真模拟。以往的价值转型理论模型都缺乏仿真模拟，这给转型模型是否具有可操作性，以及模型本身设置是否具有科学性造成了无法验证的问题，这也是转型理论研究受到很多批评和质疑的原因。对此，我们通过编写计算机程序，设定具体的初始值和函数形式，运用 MATLAB 分别对狭义动态转型模型和广义动态转型模型进行重点仿真模拟演示。演示结果表明，动态价值转型模型的逻辑机制和基本命题都是成立的。基于模型的仿真模拟演示为抽象的经济学理论提供了实证的新方法。

最后，尝试性地推广动态价值转型理论模型在现实中的应用，提出利润率驱动型的产业结构演变，解释垄断条件下利润率分层现象，并对此进行实证检验。作为动态价值转型理论模型的实证性应用，我们提出了利润率驱动型的产业结构演变规律，在产业之间充分竞争的条件下，资本流动规律表现为第一、第二产业向第三产业变迁，劳动和资本密集型产业向知识密集型产业转移，我们认为这一演变规律受动态转型机制的驱动。在垄断条件下，由于资本流动受到一定程度的限制，利润率出现分层，通过实证研究表明，垄断程度与利润率之间存在着相关关系，且垄断程度高的企业和行业将获得相对较高的利润率[5]。

二、关于经济增长与经济周期的新理论模型与实证检验

经济增长和经济周期是经济运行过程中一个重要的现实问题，平均利润率变动规律是这一问题的关键所在。而马克思主义关于平均利润率下降规律的理论一经提出，便受到来自理论的质疑和现实的挑战。就资本主义经济周期而言，我们总会发现，经济在经历较长时间的上涨趋势后转为较长时间的下降趋势。由于经济的这种长周期变动对各国的长期经济增长有着重要的主导作用，因此经济长波始终是马克思主义经济学研究的一个重要课题，也是西方经济学长期以来相当重视的问题。一直以来，消除或缓解经济危机是各国政府始终在试图通过各种制度创新和政策举措来实现的一个目标，而经济长波则是关于大的经济危机周期性循环发生的现象，因此经济长波研究的重要性不言而喻。只有了解了经济长波背后的原因以及长波的具体运行机制，才有可能以此为依据，制定有效的政策建议来缓解和消除经济长周期波动对各国经济发展所带来的影响。当然，这里的影响主要是指长波的萧条和危机阶段所带来的经济增长放缓、公司倒闭等负面影响。可以说，经济长波问题的研究对于各国保持相对平稳的经济增长、治理经济危机、延长

---

[5] 许嘉.权力与国际政治[M].北京：长征出版社，2001.

经济繁荣等方面都有重大意义。

（一）关于"置盐质疑"与 TICC 理论假定下的平均利润率理论

在对平均利润率下降的理论质疑中，最具影响力的是日本经济学家置盐信雄提出的"置盐定理"，这一批判一度引发了讨论平均利润率变动趋势理论的新高潮。一方面，置盐从理论模型上对马克思经典理论提出了质疑。他认为马克思一般利润率计算公式并不可取，因此构建了斯拉法体系下一般利润率的决定方程，并提出用"生产的有机构成"替代马克思"资本有机构成"的概念，继而从整个理论模型上对马克思经典理论进行了否定。另一方面，置盐也从理论逻辑上得出了与马克思截然相反的结论，即所谓的"置盐定理"：在"基本品行业"（遵循"成本准则"）中引入新的生产技术，且实际工资率保持不变，则一般利润率必然上升；在非基本品行业中引入新的生产技术，一般利润率不受影响。

从资本主义经济发展的现实来看，平均利润率的确并不一定呈下降趋势。在现实经济中，我们常常能看到如下过程：平均利润率在一定时期呈现出下降趋势，并且当这种下降趋势到达某个临界值之后便导致了大危机的爆发；经济危机会推动政府进行大规模的制度创新和调整，而这会在一定程度上抵消平均利润率的下降态势，甚至促使平均利润率转为上升。也就是说，平均利润率的变动趋势并没有显示出不断下降的规律，而是呈现出上升、下降或相对稳定等多种可能性。此外，可以发现，在现时代背景下，不论是技术进步还是制度创新，其对平均利润率变动趋势的作用都显示出与马克思所处时代的巨大不同，这也引发了学者们关于马克思经典理论对现时代经济适用性的讨论。

针对这些理论质疑和现实挑战，理论界也展开了关于平均利润率下降规律的激烈争论，其中既有批判性的思考，也有发展性的辩护，而争论的焦点仍然是"置盐定理"。不同学者从不同角度对"置盐定理"提出了评判或肯定，归纳起来，这些争论可以分为四类，分别为：与新技术引入相关的争论、与固定资本相关的争论、与竞争相关的争论以及与数学证明相关的争论。在这场争论过程中，平均利润率变动趋势理论也取得了显著进步。部分学者从现实数据中找到了证明马克思平均利润率下降趋势成立的佐证；部分学者在坚持维护马克思经典理论的同时也谈到了这个规律在现实条件下的新变化，提出了平均利润率变动存在两个变化方向的可能性；此外，SSA 学派将制度因素作为影响资本积累和经济增长的关键内生变量，对于制度因素在平均利润率变动趋势理论中的内生化有着重要借鉴和参考价值。这些都是对马克思经典理论的重要发展和创新。

然而，虽然平均利润率变动趋势理论有一定的发展和创新，但现有的关于平均利润率变动趋势的争论和文献仍然是围绕技术进步对资本有机构成的影响而展开的，尽管部分研究也考虑了一些制度变量的影响,但却并没有将其视为与技术同等重要的内生因素。另外,虽然SSA学派将制度因素看作是经济运行过程中的内生变量并具有一定的贡献和启示,但由于该学派并没有明确地将制度因素的变化引入平均利润率的变动中,因此始终具有一定的间接性。此外,SSA学派在侧重分析制度因素的同时并没有将技术因素放在与之同等重要的位置,而仅将技术看作是制度的影响因素,将技术对经济的作用弱化并且间接化了。可见,现有的关于平均利润率变动趋势的理论研究仍存在比较大的改进空间。

目前,关于平均利润率变动趋势的争论仍未停息,理论和现实仍在对这一理论提出巨大挑战。基于此,我们试图在马克思经典理论与SSA理论的基础之上,探讨技术因素与制度因素在有机结合下对平均利润率变动趋势的作用机理,以期进一步创新和发展马克思这一经典理论。

首先,我们创新性地构建了TICC的概念,它是将技术与制度同时纳入分析的有效途径,并且完美展示了两者在发挥作用时的相对结构。我们认为,不论是马克思经典理论还是SSA学派都同时注意到了技术和制度对经济活动的作用,只不过马克思经典理论主要强调了技术对平均利润率的作用,而仅将制度看作外生阻碍力量;SSA理论则着重考察了制度对资本积累的作用机理,而将技术看作制度所处的环境。因此,要将技术与制度两个变量有机结合并引入平均利润率变动趋势的理论框架之中,不能一味照搬马克思的原理论或SSA学派的相关分析,而必须要构建一个新的研究思路和分析工具。

基于这一目的,我们提出"资本的技术与制度有机构成理论",它是在"资本有机构成"概念的基础上进一步引入制度因素作为内生变量而得来的。TICC的理论模型,即,不仅反映了技术进步的作用(通过资本有机构成),而且反映了制度创新的作用(通过剩余价值量m),并且更重要的是,该模型天然地将两者的作用以一种有机的结构结合在一起,体现了技术与制度之间的密切联系。TICC是基于马克思的基本理论框架和方法论并参考SSA学派的制度分析思路而得到一个新的分析工具,是对马克思经典平均利润率下降趋势理论以及SSA理论的延伸和发展。

其次,将TICC引入马克思平均利润率模型之中,推导出了更具科学性和全面性的平均利润率上升、下降或不变的条件。在平均利润率变动趋势理论的发展过程中,不少学者都提出了平均利润率存在多种变动趋势的可能性,但这些研究或者仅限于逻辑上的论述,或者仅考察了技术或制度的单一变量,无法得出具有现实意义的不同平均利润率变动趋势的基本条件。将TICC引入马克思平均利润率模型,实际上就是将技术与制度双变量有机地引入到平均利润率变动趋势分析框架,由此得到的关于平均利润率上升、下降或不变的基本条件更加具有科学性和全面性。最终，我们得出结论：技术与制度是影响平均利润率变动的最重要的两个内生变量，两者相互影响、相互作用，分别通过影响资本有机构成和剩余价值量作用于资本的技术与制度有机构成，最终作用于平均利润率；在技术与制度有机结合的作用下，平均利润率的变动趋势有多种可能性，或上升，或下降，或不变。

最后，TICC 为平均利润率的实证检验打开了新的视角。从技术与制度的双重视角考察平均利润率问题，实证检验永远是一个难题，这一方面是因为技术与制度很难找到合适的替代变量，尤其是相对更加抽象的制度，另一方面则是很难建立用于计量分析的关系式。TICC 理论为平均利润率的实证检验打开了新的视角，即不为技术进步和制度创新寻找工具变量，而将两者的作用归结为 TICC 的变化，因此只需要寻找关于 c、v 以及 m 的相关数据，并计算出 TICC 的数值，就可以用计算得来的数值与平均利润率数据进行对比分析，从而验证平均利润率来源于技术与制度的共同作用。

（二）三大长波理论脉络与基于技术力、制度力、耦合力的长波理论

经济长波现象自 19 世纪末引起学者们的广泛关注起，至今已经经历了长达一百多年的时间。纵观经济长波的研究和讨论，其聚焦点主要集中在两点：第一，经济长波是否存在，即经济增长是否确实存在着长期的周期性波动；第二，如果存在，那么经济长波背后的根源及具体运行机制为何，即是什么原因导致经济呈现出周而复始的长周期波动。

关于经济长波的存在性问题，目前理论界已经基本达成了共识，即经济长波的确存在。而关于经济长波的动因，现有的研究仍是众说纷纭。目前，国内外关于长波动因的研究主要可以分为三大类理论，即技术创新长波论、制度演进长波论以及内生机制长波论，这三类理论分别从技术、制度以及经济的内生调节过程角度来解释经济长波的存在性及原因，都收获了丰硕的研究成果。然而，综观这些理论研究，我们不难发现，技术长波论过于强调技术因素在经济长波中的作用，而制度长波论则过于看重制度因素对于经济长波的影响，从而忽略了技术因素与制度因素之间的关联性和整体性，这样就无法对经济的长周期变动给予充分的解释。现有的内生机制长波理论或者过于笼统，或者局限于表面的分析，也使得后续的研究难以进行下去。

可见，目前关于经济长波的理论研究仍存在着较大的提升空间，将现有理论的精髓加以融合和发展，建立一个更加完整全面的长波理论框架是下一步研究的必然趋势。为此，我们试图在现有理论的基础之上，从技术与制度的双重视角考察经济长波，以期对经济长波的动因和具体运行机制进行一些新的研究和探索。

首先，为了更加清晰地展示技术与制度对经济活动的作用，我们构建了技术力、制

度力以及两者之间耦合力的概念，为长波理论研究提供了新的研究视角和分析工具。为技术与制度对经济活动的作用赋予大小和方向，我们构建了技术力与制度力的概念，这是将技术与制度对经济长波的作用量化的过程。并且，与过去的研究不同，我们不认为技术力与制度力是纯粹的单一变量，而是由原动力、限制条件以及现实作用等多个变量有机构成的统一体，是系统层面的概念。而耦合力则是为了量化技术力与制度力相互作用的动态过程中对经济活动所产生的额外作用。三种作用力的构建为长波理论基本模型的构建奠定了基础，它们是将抽象的"技术与制度相互作用过程中引致长波"的理论逻辑模型化的有效工具。

其次，我们用数理的方式探讨了技术力与制度力之间相互作用的动态过程，这是对马克思生产力与生产关系相对运动规律的发展和创新。马克思关于生产力决定生产关系、生产关系反作用于生产力、生产力与生产关系在相对运动中促进经济不断发展的规律是我们分析许多经济现象的基本理论出发点，如果将技术力看作生产力的主要内容，将制度力归结为生产关系的体现，那么技术力与制度力之间也存在着相互作用和相互影响的关系。在这一基本逻辑的基础上，用数理和模型的方式论述技术力与制度力之间从适应到不适应，再从不适应到适应的动态变化过程，是对马克思生产力与生产关系相对运动规律进行数理化、模型化和具体化的过程。

再次，我们将技术力、制度力以及两者之间的耦合力同时引入经济长波的分析框架，建立了更加完整和科学的长波基本理论模型，由此探讨经济长波的具体运行机制。我们认为，技术力与制度力在分别对经济长波产生重要作用的同时，两者之间的耦合力对经济的长期增长也有着不可忽视的影响。从合力的视角来看，技术力与制度力之间的耦合力相当于两个力之间的夹角，它不仅衡量了两种力在方向上的契合度，也影响着技术力与制度力同时作用于经济长期增长时总合力的大小。通过将三种作用力同时引入经济增长模型并进行求导和讨论，最终得出结论：技术力与制度力在相互作用过程中合力的周期性变化是经济长波的根本原因；由于在技术力与制度力共同作用于经济长波的过程中，两者之间的耦合力呈现出由负到正、再由正到负的变化过程，经济也就——对应呈现出繁荣、萧条、危机、复苏的周期性变化[6]。

最后，我们采用理论分析与具体历史实践相结合、理论结果与实证检验结果相结合的实证方法，为长波理论的实证检验提供了新思路。以往关于长波理论的实证检验通常都是考察一系列相关指标的长期动态变化，或运用计量方法考察技术或制度的替代变量与经济增长率之间的关系。然而，我们认为，技术力和制度力并不是单变量，而是由多

---

[6] 潘忠岐，黄仁伟.中国的地缘经济战略[J].清华大学学报（哲学社会科学版），2008，23（5）：116-121.

种因素构成的系统，这很难用某一个或几个工具变量来表示。因此，若要将技术、制度以及两者之间的相互关系同时考虑，则往往会出现计量结果随指标变化而变化的情况，科学性和说服力相对不足。而将理论分析与具体历史实践相结合、理论结果与实证检验结果相结合的实证方法则在一定程度上避免了这一问题，我们不完全依靠数据或计量手段，同时也结合历史上的具体经济实践，并从理论视角将具体实践与实证结果相比较，这具有较强的科学性和解释力。

三、关于收入分配和国际交换不平等性的新视角与中国数据分析

在改革开放过程中，我国经济实现了高速增长，然而在这一背后则面临着一个重要挑战，就是收入分配的恶化，个人收入基尼系数从1981年的0.291增加到了2013年的0.473。从现实来看，我国现阶段的收入差距高于多数发达资本主义国家，作为一个以公有制为主体的社会主义国家，这不是一个很好理解的现象，可以说这是一个悖论，也即我国所有制结构中公有制成分要高于这些发达资本主义国家，但是对应的收入差距不是比这些国家更低，而是更高。简单地讲，就是公有制比例与基尼系数相倒逆。只有理解和解释了这个现象，我们才能在收入分配领域更好地深化改革，经济才能更好地健康持续发展。

（一）机会不平等与我国收入分配领域中的机会不平等理论

针对公有制比例与基尼系数倒逆的现象，现有的理论，包括马克思主义经济学和西方经济学理论，都无法对这个现象给出合理的解释。

1. 马克思主义分配理论有两大命题：公有制占主体地位的生产关系比私有制占主体地位的生产关系更加公平；生产关系决定分配关系，分配关系是生产关系的体现。根据这两大命题，我们可以获得这样的结论：（1）公有制条件下的收入分配差距一定低于私有制条件下的收入分配差距，并且前者是公平的，后者是不公平的；（2）公有制占主体的混合所有制条件下的收入分配差距一定低于私有制占主体的混合所有制条件下的收入分配差距，而前者与后者相比一定会更加公平。显然，这一理论无法解释我国现时期，在以公有制为主体的制度背景下，为什么收入分配竟然比西方私有制条件下的收入分配差距还大的问题。

2. 传统西方经济理论对收入分配的分析是基于要素份额的边际分析方法。根据该逻辑，工人获得由边际劳动贡献所确定的工资，资本家获得边际资本贡献所确定的利润。根据 A.B. 阿特金森和 F. 布吉尼翁在《收入分配经济学手册》中所提供的例子，如果社会主义公有制条件下的基尼系数是0.20，那么资本主义经济将会有一个0.285的基尼系

数。根据这一理论分析，社会主义公有制条件下的基尼系数要低于资本主义私有制条件下的基尼系数。

3. 作为新古典主义的皮凯蒂在《21世纪资本论》一书中虽然用历史数据描述和证实了资本主义社会收入差距持续扩大的现象，但是皮凯蒂既没有用系统的逻辑一致的理论解释数据背后的原因，也没有分析中国所面临的收入分配的窘境。由此可见，无论是马克思主义经济学还是西方经济学，在理论逻辑上都没有办法解释我国公有制与收入分配之间的倒逆关系。

这样就为我们提出了一个新的研究课题：如何在新的实践中创新性地发展马克思主义经济学收入分配理论，从而能够更好地解释我国在收入分配中出现的新现象，进而更好地为进一步改革提供理论和政策参考。

1. 从我国的收入分配日益恶化的现实出发提出机会不平等的问题。从整体概念角度，分析机会不平等的相关理论，包括 Arneson 的福利机会平等理论、雅各布的机会不平等理论以及罗默的机会平等理论。需要指出的是，作为马克思主义经济学家，罗默是第一个用经济学的方法来分析研究机会不平等的学者。其从机会不平等形成的微观机制角度，考察家庭背景（父母的职业、收入）、户籍、区域、性别、民族等因素是如何带来收入分配中的机会不平等的。通过对现有文献的分析考察，发现将机会不平等的概念置于马克思主义经济学的框架下，通过区分所有制结构的不同，能够更好地分析现实问题，尤其是我国的收入分配现实。

2. 根据马克思主义收入分配理论逻辑构建一个符合我国经济现实的收入分配函数模型，并将机会不公平的因素引入到这一理论模型中，利用反事实函数，通过 Shapley 分解，来考察在不同所有制条件下，机会不平等对于收入分配的影响作用。具体而言，分别构建公有制条件下、私有制条件下和混合所有制条件下的收入分配函数，接下来，在这些收入分配函数模型的基础上，引入机会不平等因素，即将劳动力收入和财产性收入的影响因素分为两种：努力变量和环境变量。在此基础上，通过引入反事实函数，利用夏普里分解，对收入差距在所有制维度上以及努力变量、环境变量维度上进行分解，发现在不考虑机会不平等因素的条件下，私有经济条件下的收入差距就一定会大于公有经济条件下的收入差距，但如果考虑到机会不平等，这个关系就不一定成立，因为机会不平等带来的劳动性收入差距可能会超过财产性收入差距。

3. 构建机会不平等的度量方法并对我国收入分配中的机会不平等进行经验考察。我们使用基于回归的度量方法，由于一些重要的努力变量数据的缺失，比如个人每天有效率的工作时间等，无法在实际回归中将努力变量作为解释变量，通过 Frisch-Wangh 定理证明，即使将努力变量归入扰动项，也不会影响到对机会不平等的度量结果，也不会影响各个环境变量对机会不平等的贡献的评价结果。另外，由于嵌套 Shapley 分解既满足一致性（各个变量对机会不平等的贡献加总等于机会不平等），也满足独立性（努力变量的缺失不会影响从收入差距中所分解出来的机会不平等的大小以及各个变量对机会不平等的贡献大小），所以可以使用该分解方法。

4. 关于度量机会不平等的经验研究。从整体的分解结果可以看出：第一，2002 年的机会不平等对收入不平等的贡献为 38.1%，到 2007 年这一数字上升到 42.8%。第二，从各个年龄组来看，两个年份的分解结果都显示较高年龄组的机会不平等要高于较低年龄组，这无论从机会不平等对收入不平等的绝对贡献还是相对贡献来看都是如此。第三，收入不平等增加或减少的主要原因在于机会不平等的增加或减少。市场机制所提供的针对努力的激励机制以及市场不确定性所带来的不平等相对来说比较稳定。从各个因素的分解结果可以看出：第一，不同的环境因素对机会不平等的贡献差别较大，总体而言，父亲的职业对子女收入的影响是机会不平等最重要的来源，2002 年与 2007 年分别贡献了 73.2%、56.6% 的比例；第二，2007 年与 2002 年相比，区域因素和性别因素的相对地位下降了，父母受教育年限对机会不平等的相对贡献增加了；第三，性别因素对机会不平等的贡献在 25—29 岁年龄组最小，两个年份分别只有 0.62 和 0.16，远低于其他年龄组；第四，户籍所在区域（东部省份、东北部省份、中部省份、西部省份）对机会不平等的贡献在各个年龄段的变化不大；第五，由于我国长期以来推行少数民族扶持政策，民族差距在各个年龄段虽然都存在，但都很低，在机会不平等中的地位微乎其微；第六，父亲的职业对子女收入的影响随着组别中年龄的增加而增大。

最后，在理论分析和经验研究的基础上，结合我国的经济实际对政策做出思考并给出相应建议。中国要想使经济发展的成果更多更公平地惠及人民，在坚持社会主义市场经济的前提下，改善收入分配关系、缩小收入差距是一个重要途径，而个人自主选择和努力的差异所带来的收入差距恰恰体现了市场的竞争关系和市场效率，无须纠正这类收入差距，要改善和纠正的是机会不平等所带来的收入差距。事实上，我们发现，以 2002 年为例，如果消除了机会不平等，收入不平等就会降低 38%，这将大大改善收入分配关系。为了促进机会平等，我们认为需要从以下几方面着手：增加农村地区的公共教育资源投入；相对于高等教育，增加初等教育资源的投入比例；增加对未成年人的医疗卫生投入；进一步扩大推进学龄儿童的营养就餐计划和投入；建立或落实相关法律，消除在家庭内部以及就业市场中的性别歧视现象。

（二）三大国际经济领域的不平等与交融理论

国际不平等交换理论是由马克思首次提出的，这一理论一经提出便备受质疑，引起诸多学者的争论。综观学术界的种种争鸣，却也未能就国际不平等交换理论解释达成共识。

从理论上来看，西方经济学者一方面对马克思的国际不平等交换理论存在诸多质疑，其贸易理论认为技术、资本、劳动、管理等多种要素共同决定一国的贸易利益。由于价值论基础的绝对差异，使得马克思国际不平等交换理论与西方贸易理论产生质的区别。另一方面，面对发达国家与发展中国家在国际经济活动中巨大的经济利益差距，西方经济理论难以给出具有说服力的解释。

就马克思的国际不平等理论而言，囿于马克思提出的时代背景，这一理论主要针对国际不平等交换，其应用自然被束缚于实物贸易领域。而在现实经济条件下，这一背景发生了巨大变化，当今的不平等交换体现在诸多领域。就国际经济而言，至少包括国际贸易、国际投资和国际金融三大领域。马克思的国际不平等交换理论难以跨越诸多领域对国际不平等性进行精确解释。

从现实来看，国际经济迅速增长背后的国际不平等交换非但未因经济增长和国际经济交往日益频繁而熨平，反而在国际贸易、国际投资和国际金融领域中变本加厉。更值得注意的是，国际不平等交换已经跨越若干领域产生交叉影响，即三大国际经济领域中的不平等性相互交融。比如国际贸易不平等交换与国际投资和国际金融领域中的不平等性密切相关。马克思的国际不平等理论显然无法合理解释现实经济条件下的这种交融影响。

针对这一涉及多国经济利益的问题，各国学者从不同视角纷纷展开了讨论与研究。尽管成果颇丰，但仍存在较大的发展空间。一方面，现有研究主要集中于探究国际贸易领域中的不平等交换问题，鲜有对涉及国际贸易、国际投资和国际金融三大领域中不平等性进行逐一解释。另一方面，现有文献对不同国际经济领域中不平等性的交融影响涉及甚少，未曾有研究对这一交融现象进行理论上的抽象概括或者实践中的求证。

国际不平等交换与交融理论的发展和现实中的新变化和新情况，急需理论界做出创新性研究。为此，我们试图抓住马克思国际不平等交换的理论内核和作用机理，拓展其内涵以对现实新变化做出理论回应。

首先，我们从技术差距、制度差异以及技术与制度二者之间的交互作用考察国际分工新格局，同时将对实体产业内部分工的探究扩展至金融业和实体经济部门之间的分工这一新领域。这一方面为国际不平等交换新内涵的界定提供了理论基础。在对国际分工新近考察的基础上，我们从表面和实质视角将"国际不平等交换"区分为三个层面：一是"形式平等而实质不平等的交换";二是"形式不平等而实质平等的交换";三是"形式和实质上的双重不平等"。另一方面,这也为揭示现实经济活动中国际贸易、国际投资和国际金融的不平等交融现象提供了逻辑起点。

其次,逐一对国际贸易、国际投资和国际金融三大领域中的不平等性进行理论推理和实证检验。第一,我们从国际不平等交换与贸易利益失衡分配的现实证据、国际贸易不平等交换的机理分析和贸易不平等交换的实证检验三个方面分析国际贸易与不平等交换两者之间的关系,发现国际贸易不平等交换的内在机理是通过国际分工、产业转移及国际贸易不平等交换和国际制度话语权的不平等实现的。第二,通过国际投资领域中的不平等理论模型和实证检验,我们发现外商直接投资与不平等之间都有显著的正向关系,国际投资会引起一国内部不同复杂程度劳动力间收入不平等性和劳动收入份额与资本收入份额间的不平等性,同时还会引起劳资间矛盾的加剧和不同复杂程度劳动力间的分化。第三,国际金融领域中的不平等交换则主要表现为因汇率偏离和失衡的金融体系所造成的国际剩余价值的转移。

最后,首次创新性地提出国际不平等交融的概念,即三大国际经济领域中不平等性相互渗透和融合的新状态。并首次尝试对不同国际经济领域中的不平等交融理论进行系统性的分析,且首次以国际贸易不平等为例,实证检验国际投资领域和国际金融领域中的不平等性对其交融的影响程度。理论逻辑和实证结果皆证明,国际贸易、国际投资和国际金融三大领域中的不平等交融的确存在。

四、关于考虑虚拟价值的宏观经济框架及其应用

在现实经济条件下,出现了三大备受瞩目的现象,并且这三大新现象对理论经济学带来了巨大冲击。

一是以股票、债券等虚拟资本为核心的虚拟财富的不断增长和虚拟泡沫的频繁破灭,关系着人们的切身利益。然而,有关此类虚拟财富和虚拟泡沫的度量却一直缺乏客观的标准,以至于人们只能依据主观经验判断其虚拟程度,因而往往引致错误而造成巨大损失。

二是当今我们已经超越了索洛那个"你可以看到计算机无处不在,但是在生产率的统计上却无影无踪"的时代,进入了"任何经济活动刻上了互联网"的"互联网+"时代。诸如互联网+生产,互联网+管理,互联网+营销,互联网+金融,互联网+商业,随之如雨后春笋般的新范畴,B2B、B2C、C2C、O2O、B2M、B2G、B2T、C2B、C2B2S、B2B2C,众筹、余额宝、支付宝等无不建立在互联网之上。然而,对于"互联

网+""互联网空间""比特币"这些新经济现象的分析却未形成完整的理论框架。

三是资源环境问题日益凸显，危及人类的生存与发展。全球生态自20世纪70年代以来一直处于超载状态。这一问题的核心在于，资源环境产品被大量纳入经济过程却未能得到较好的补偿，这不仅会致使经济在一定时点或一定条件下"脱离运行轨道"，还会导致一国乃至全球生态赤贫。

针对这三大现实情况，无论是西方经济学还是马克思主义经济学都难以给出一个具有说服力的解释。

（一）西方经济学者对这一新经济现象难以给出具有说服力的解释

现代金融、网络信息、资源环境等产品的"价值外溢"现象为"索洛悖论"提供了直接挑战经济学的依据。西方学者围绕这一问题的各种理论解释无法穷尽"索洛余值"。

（二）依据经典劳动价值理论的回应明显乏力

1.尽管马克思对非劳动产品的虚拟价格有所考察，但是非劳动产品并未进入其主体研究范畴；2.尽管马克思对诸如股票、证券、土地等虚拟经济有所考察，但是其重点仍是实体经济活动，且并未详细解释两者之间的关系；3.尽管马克思认识到自然力是再生产过程所不可或缺的，但其并未将资源环境纳入价值的研究范畴。

在马克思经济学框架之下，拓展马克思的劳动价值理论以形成新的理论体系，是发展马克思经济学的现代化要求。这就为我们提出了一个具有前瞻性的重大现实课题，为此，我们进行了如下探究。

首先，提出虚拟经济概念。我们认为虚拟经济是一种新型的经济形态，从较为广义的视角我们可以将其界定为以虚拟资本和网络技术为两大支点，以自然资源为基础而运行的一种经济形式，它是以虚拟资本价值、网络虚拟价值、资源虚拟价值和房地产虚拟价值作为核心，其虚拟性主要通过未来性、数字化和稀缺性表达出来。

其次，拓展经典劳动价值范畴，在此基础上提出虚拟价值理论。马克思主义经济学中的价值属于劳动价值范畴，这里的劳动是指人类抽象的生产性劳动，且这一价值只有放在实体经济中才有意义，因为其必须依托物质载体，即生产性劳动所创造的能够满足人们某种需要的具有使用价值的物质产品。然而，价值范畴不仅应包括劳动产品，也应同时包含非劳动产品。鉴于此，我们将马克思的价值范畴界定为劳动价值，将马克思的非生产性或非劳动产品的价值定义为广义虚拟价值，劳动价值和广义虚拟价值同属于广义价值范畴。根据虚拟价值和虚拟经济的定义，考虑不同虚拟价值的特征，虚拟价值可分为以虚拟资本为依托、以网络技术为载体、以自然条件为基础的三类虚拟价值。

再次，在对虚拟价值进行质的规定性的基础上，我们还探究了虚拟价值的量的规定性，即虚拟价值的定价模型，以及对引入虚拟经济部门后的再生产模型所呈现出的新变化与新特征进行论证。不难得出，虚拟资本、网络产品和自然资源俨然已经成为实体价值向虚拟领域转移的三大通道[7]。

最后，将虚拟价值理论应用于"互联网空间""互联网+"等虚拟经济新现象的诠释。第一，将虚拟价值理论应用于互联网空间，我们就会发现互联网在本质上就是由互联网技术所支持，由若干互联网关系所联系的虚拟空间。第二，互联网空间实际上是一种新的经济变量，互联网已经不能被排除在经济学框架之外，也不仅仅是将互联网作为一般的经济变量纳入经济学框架的问题，而是应将它作为一个特殊经济变量进行分析，至少它具有引擎要素作用和酵母因素作用。而"互联网+"的理论就是要研究这种"引擎与酵母"要素的作用机理。

此外，在新媒体背景下，以互联网为依托，将媒体信息作为一个重要经济变量引入市场理论当中，我们提出了"媒体之手"的概念。将媒体信息引入至一个市场动态变化理论模型之中，就会发现媒体信息在市场的均衡和非均衡变动过程中具有重要的影响，即媒体信息通过影响市场供给者和需求者的预期价格使市场发生变化，特别是在新媒体条件下，会使市场价格收敛或者扩散的速度更快。这表明，媒体信息也好比一只手，是经济活动的一个要素，对经济活动具有影响。因此，媒体信息作为"媒体之手"，具有影响经济活动的微观基础，是对"市场之手"和"政府之手"失灵的一种重要补充。

第四节 现代经济学的方法论反思与理论发展

随着我国经济建设力度逐渐加大，经济水平已有所提升，现代经济学研究已有新的进展。本节通过讨论现代经济学的提供研究平台法、建立参照系法、给出度量标尺法以及提供分析工具等四种方法，分析现代经济学的基本构架，同时介绍了现代经济学的五种基本框架，包括评估比较、界定经济环境、给出制度安排、设定行为假设、选择均衡结果等，并详细论述了现代经济学的研究方法、基本框架组成，为现代经济学日后的研究工作提供相关借鉴依据。

经济是创造价值、转化与实现价值的结果。经济学本身就是一门含有特殊性质的学问，同其他学科存在一定不同之处。自然科学的实质是精确性、稳定性。例如制造炮弹，必须严格控制各项数据、操作的准确状态，并且自然科学的参数都是可控和实验的。但经济学却是不同的，一方面，经济学不仅仅要对研究的对象做出系统的分析，同时还

---

[7] 王士君，陈才.论中国东北地缘关系及因应对策[J].人文地理，2003，18（6）：16-19.

要研究人的假设行为，所以研究现代经济学的过程是一项系统化、复杂化的工程。另一方面，经济学研究过程中还面临着许多不可预测的因素，因此，我们经常会看到有些经济学家受到大众的批评，严重的更是指名道姓。这里存在两个原因：一是被批评的经济学家能力有限，另一个是评估后的某些因素无法预测，即使判断准确，但由于社会大环境和经济条件的不断变化，也会影响经济学家的判断。

一、研究现代经济学基本分析框架和研究方法的重要性

　　经济学是一门具有一定特殊性质的学问，是研究人类社会经济行为、社会经济现象及人们如何进行经济上的利弊取舍的基础性学科。地球上的资源是有限的，人类的欲望非常大，正因为资源和欲望基本矛盾的存在，才出现了现代经济学，迫使人们做出经济利弊的取舍。通过经济学，利用有限的资源，最大限度地创造出需要来满足人们基本需求。现代经济学通过使用科学的方法手段，综合各种经济分析工具，收集数据、通过实验观察数据、形成经济学理论的步骤，全面探索人类社会经济行为的现象，因此现代经济学是一门具有特殊性质的科学，代表经济系统分析框架和科学研究方法的科学。这种全面的分析，不但分析了理论的形式，同时也为考察经济数据工作提供了工具。从这一点就可以看出，明确分析并理解现代经济学的框架和其研究方法是复杂的。只有正确理解现代经济学的基本分析框架和其研究方法，才能为现代经济学的理解创新工作奠定良好的基础。理解现代经济学可以帮助人们正确地运用经济学的基本原理和分析方法，研究不同时期不同环境及不同的人的经济行为、不同制度下的各类经济问题。现代经济学具有普遍性和一般性，其中的不同学派、不同理论本身就说明了现代经济学的研究分析框架和研究方法。正是由于不同理论采用了不同假设和模型的设定，才使得它们能够解释不同的经济现象，并能在接近理论假设的经济环境下，给出合理的推断和科学的预测。

　　不同的经济、政治以及社会环境可以产生不同的经济框架理论，但却是相同的经济学。现代经济学的基本分析框架和研究方法是互相联通的，不存在某一地区、某一国家特殊的经济分析框架和研究方法。相反，不同环境下的不同经济问题却可以用现代经济学的某些基本原理、分析框架和研究方法来解决。同时经济学理论还可以用来研究相同时间、同一地区内的相同经济行为和经济现象。就目前来看，各个地区不同时期的不同经济问题都可以使用现代经济学基本经济框架和研究方法进行比对，从而找到解决的方法，这也正是现代经济学的魅力所在。只要掌握了现代经济学的分析框架，同时分析不同的经济环境和社会环境，就可以研究不同地区、不同风俗文化下的经济问题及现象。事实证明：现代社会经济行为准确运用经济学的分析框架和研究方法，在过去的二十几

年，许多分析方法不仅仅在现代经济学中得到充分利用，同时延伸到其他学科，如政治学、社会学等学科。

二、现代经济学的基本分析框架

现代经济学所研究的问题并不像想象的那么复杂，解决问题的方式类似人们处理日常生活中的琐事，这就难免不与人打交道。解决现代经济学问题，首先要了解各个国家不同的国情和民风，即了解需要进行沟通的人以及人的生活环境。在这个基础上，权衡经济利弊，决定解决问题中所需使用的相对应规则，争取达到最好的解决效果。

现代经济学是通过按照其基本分析框架来研究经济现象和人类经济行为以及人们是怎么进行经济利弊取舍的。这种经济学分析框架具有科学性和规范性。首先，提出需要解决的经济问题或经济现象，由经济学家确定研究基本方向，然后尝试通过经济学基本分析框架解决所要研究的问题。比如为什么会出现经济衰退以及不同周期现象？面对此现象政府需要实施怎样的经济政策缓解经济衰退的局面？为什么会出现贫富差距特别大的国家？市场制度是如何运转的，它有什么优点？市场会不会控制失灵？如果失去控制，会是何时，通过何种方式解决实控问题？如何只需要解决经济外部性问题，是产权明晰还是通过政府干预或是其他解决办法？反观中国的经济学家所面临的则是解决如何改革现有的金融体系、国有资产严重流失等经济制度转型过程中的问题。

以上的问题看起来研究的方向各不相同，但研究这些问题的基本分析框架却是相同的，都是由以下几个部分组成：经济环境、行为假设、制度安排、均衡经济结果、评估比较。可以说，只要掌握了这几个组成部分，更容易掌握现代经济学。

（一）界定经济环境

分析经济框架的主要组成部分就是界定经济环境，即处理经济问题时先了解研究对象所处的周围环境或背景，从实际问题出发，对经济环境做出界定。经济环境指经济人的特征，现代经济社会制度环境及经济信息结构等组成。经济环境可以界定为两个方面：首先包括对经济环境进行客观描述；其次是对经济环境进行刻画。前者属于科学，后者属于艺术。客观地描述经济环境，得到准确经济结论；刻画经济环境，使论证简单化、灵活化，运用好这两方面，就可以界定好经济环境。

描述经济环境，是界定经济环境的首要步骤。一个合适的经济理论可以准确描述研究对象所处的经济环境，但由于不同地域存在经济差异，所以得到的理论一般不同，经济环境描述得越准确，得到的经济结论就越准确。

刻画经济环境，在准确描述经济环境的同时，应该精练刻画经济环境的基本特征，抓住经济问题的本质。界定经济环境包括很多方面，把所有情况列举出来，就可以真实描述经济环境；如果简单罗列一些情况，会出现忽略经济问题重点，无法看清问题本质。

（二）设定行为假设

设定行为假设是经济学的根基，是现代经济学分析框架中的第二个基本组成部分。这个假设非常重要，指对经济人的行为方式做出假设。经济理论有没有价值，能不能让经济快速地发展，重点在于假定的个人行为是不是能够代表大多数的行为方式。

一般来说，在给定的规则下，每个人将按照自己的意愿做出取舍。面对不同类型的参与者，每个人的思维以及行为方式都不同，所以采取的游戏规则也不相同。如果你面对的是做事老实、诚恳的人，你和他的相处就会比较简单，不需要设计太复杂的游戏规则；但如果你面对做事狡猾、没有诚信可言的人，你和他的相处方式会做出很大改变，游戏规则会复杂很多，需要小心应付，与他相处会花费很多的心思和时间。研究人们是如何做出取舍的、确定经济人的行为方式，对经济环境的界定有很大的作用。

一个符合现实的人类行为假设是，人是自私的，追求自己的利益。利己性假设不单单适用于个人，对国家、集体、家庭等也适用。人们通常说国有国的利益，集体有集体的利益，就是这个道理。这个假设符合现实的情况，即使是错误假设，也不会造成严重的后果。相反，如果利用其他的利他性假说，可能会产生严重的后果。

对人的行为做出正确的判断也是特别重要的。你相信一个人，但这个人却做出欺骗你的行为举止，只要一想到把一个自私狡猾的人看作是一个单纯的人，以后和他一起做事，将会造成什么样的后果就会明白假设错误的严重性。现实生活中的各种法律是非常有必要的，特别是一些严格的财务制度，防止有私欲的人随意挪走公家财产。

（三）给出制度安排

给出制度安排是指游戏规则，也是现代经济学中的第三个组成部分。面对不同的人，不同的生存环境，不同的实际情况，就需要采取不同的游戏规则。当实际环境或情况发生变化后，游戏规则也会做出相应调整。游戏规则的变化会对经济效益产生重要的影响，不同的游戏规则会影响个人行为方式，不同的权衡取舍也会导致不同结果的产生。

（四）选择均衡经济结果

选择均衡经济结果，即做出权衡取舍的选择，找出最佳结果，也是现代经济学中的第四个组成部分。一件事往往存在许多可行的方法，人们在选择时，往往选择最佳的方法。在给定的经济环境中，遵守游戏规则，根据自己的行为方式做出相应的反应，在许多可行的方法中权衡取舍，在具有多重选择的情况下，选定结果的过程就叫作均衡结果。对于利己的人和利他的人来说会选择不同的均衡结果。

（五）进行评估比较

进行评估比较，即对经济制度安排和取舍后的结果进行价值判断和做出评估比较，也是现代经济学中的第五个组成部分。这种情况和中国现代经济学和社会学的现象很像，一个人从学校走向社会实习岗位，需要一段时间总结过去学习心得体会，并将社会环境同学校生活进行比较。

三、现代经济学的基本研究方法

任何一个经济理论都是由以上五个基本部分组成的，如何把它们有机地结合到一起，就必须按照现代经济学的研究界定及选择方法。研究现代经济学的基本研究方法包括以下几个方面：建立研究平台、构建经济参考体系、给出度量标准及分析工具并注意经济理论适应范围，区分充分条件和必要条件的重要性，弄清数学与现代经济学的关系及区别等。

（一）研究平台、参照体系和给出度量标尺

首先根据实际情况提供经济研究平台，并建立合理的经济参照体系，给出度量标尺，研究任意一项学科的基本步骤都包括提供经济研究平台和建立参照体系，不但对经济学建立发展起重要作用，对任何学科的建立发展都具有重大意义。提供研究平台和建立参照系有利于简化问题思考方式，合理建立现代经济学的评估标准，抓住问题产生的本质。

研究平台：研究平台是由现代经济学中经济理论和某些原理共同组成的。是指当经济现象形成后，需要弄清楚每一个因素产生对现代经济学的影响，或假定其他因素不变，研究某种因素对经济现象的影响。

参照系或基准点：指的是理想经济状态下，参照系可看到各种理论模型或现实经济制度同理想状态之间的差距。

度量标尺：尽管存在的许多假定可能与现实不符，但它们的作用是非常重要的，可以作为进一步的参照系。这些参照系的作用不在于准确地代表现实情况，而是在于建立一些理解现实的标尺，为进一步理解现实提供参照系。

（二）分析工具

对经济现象的分析，以上的内容还不够，还需要有分析工具，不但需要定性分析，还需要定量分析。

（三）经济理论的作用、一般性与相对性

经济理论能够解释现实中的经济现象和行为，也可以对特定的经济环境、经纪人的

行为方式、经济制度等进行科学预测，并指导现实中出现的经济问题，第二个作用比较重要。

经济理论的一般性：从以上的现代经济学基本框架可以看出，经济学每个理论都是由一组关于经济环境、行为方式、制度安排的假设并以此导出结论所组成的。所以成为好的理论就必须具有一般性，越具有一般性，解释能力就会越强，越有说服力[8]。

经济理论的相对性：当经济学理论具有一般性时，研究过程也会注意到经济理论的局限性和适用范围。即使理论一般化，也一定具有相对性。在讨论经济现象和情况时，避免一项理论通用于各种环境，必须要考虑到它的适用范围，否则就会得出错误的结论。只有记住理论使用范围，才不会轻易下结论，否则就会错用某个理论，导致错误的结果产生。

（四）经济学语言和数学语言的相互转换

学经济学是要为社会服务的，所以，就应该将技术语言转换成通俗语言，使一般人也可以理解。

正确掌握现代经济学的基本分析框架和研究方法，才能够很好地理解现代经济学基本含义和适用范围。本节讲述了现代经济学五个基本组成部分，在经济问题的讨论中，要注意区分现代经济学充分条件与必要条件的重要性，理解经济理论的一般性和相对性，同时，还要注意将技术语言转换为通俗语言。学习现代经济学，不但要了解其基本原理，还要学习它提出、思考及解决问题的方法。掌握现代经济学的基本方法和分析框架有利于经济学的学习与研究，能够帮助人们更好地处理日常事务。从这个意义上来说，现代经济学是一项"庸俗"的科学。

第五节　现代化经济体系视域下的供给侧结构性改革

党的十九大报告指出，中国特色社会主义进入新时代，我国社会主要矛盾已经转化为人民日益增长的美好生活需要和不平衡不充分的发展之间的矛盾。十九大对社会主义主要矛盾的新判断实质上反映的是当前我国供给与需求不平衡关系问题，即不平衡不充分发展引发的有效供给不足，使得人民日益增长的美好生活需要难以得到满足。而有效供给不足来源于两个方面，一是供给结构不合理，即"不平衡"；二是供给总量不足，即"不充分"。为化解新的社会主要矛盾，党的十九大报告提出了"建设现代化经济体系"

---

[8] 黎鹏.地缘经济区合作开发及其实践策略调整——以中国—东盟合作开发地缘经济区的实证分析为例[J].经济地理，2006，26（2）：187-191.

的战略目标，强调以供给侧结构性改革为主线，提高供给体系质量和效率。另外，党的十九大报告指出人民美好生活需要日益广泛，不仅对物质文化生活提出了更高要求，在民主、法治、公平、正义、安全、环境等方面的要求也日益增加，这就对供给侧结构性改革提出了全新的要求，即要推进经济、政治、社会、文化、生态"五位一体"供给侧结构性改革。自2016年我国供给侧结构性改革如火如荼开展以来，在"三去一降一补"工作方面取得巨大成效，但也不可避免产生诸多问题，比如忽视供给与需求之间"对立统一"关系，部分领域甚至将两者完全对立起来。以供给侧结构性改革为主线推动现代化经济体系建设是优化我国经济结构、转换发展方式、提高经济发展质量、决胜全面建成小康社会的关键。因此，从供给侧结构性改革理论依据出发，梳理我国供给侧改革历程，结合国外发展经验，探索以建设现代化经济体系为目标的供给侧结构性改革实现路径具有重要的理论基础和现实意义。

一、建设现代化经济体系视域下供给侧结构性改革的理论依据

（一）国外对供给侧改革的理论认识

早在古典经济学时期，许多学者就对供给理论进行了探索，为供给学派的诞生奠定了理论基础。比如，威廉·配第提出"劳动是财富之父，土地是财富之母"。亚当·斯密在其著作《国富论》中提出"劳动是供给国民一切生活用品的源泉"。随后，法国经济学家萨伊阐释并拓展了亚当·斯密的理论，提出"土地产生地租，劳动产生工资，资金产生利息，供给自动创造需求"。萨伊认为在自由市场经济条件下，一般不会出现生产过剩的现象，因此主张减少税收、放松管制、打破垄断、通过市场机制来实现供求平衡，这就是著名的"萨伊定律"。

19世纪末，奥地利学派中的戈森提出效用最大化和享乐总是最大原理，其后门格尔和庞巴维克提出边际效用价值论，分析人类欲望、需要、消费等变化，提出效用价值论和边际分析法。随后，马歇尔把古典经济学的供给理论与边际经济学的需求分析结合起来，形成供求均衡的价值理论，认定市场供给方和需求方相互作用，共同决定价格机制；价格机制引导资源配置，从而通过市场的均衡机制实现市场出清。20世纪30年代，随着全球经济危机的爆发，自由市场的神话被打破，人们意识到供给不能自行创造出需求。1936年，英国经济学家凯恩斯在其著作《就业、利息和货币通论》中对"萨伊定律"提出了质疑。凯恩斯认为资本主义经济不会出现自动均衡就业，总需求往往小于总供给，政府需要加强需求管理，扩大投资，增加就业，对宏观经济进行逆周期调节。若出现经济衰退，政府通过财政和货币政策来增加总需求；若出现经济通胀，政府则通过财政和

货币政策来收缩需求，稳定经济发展。凯恩斯所倡导的需求管理，"二战"后被许多西方发达国家采纳。

然而，20世纪70年代之后，西方发达国家出现了经济增长停滞和通货膨胀现象，出现"政府失灵"的情形。此时，若政府通过财政和货币政策来刺激总需求以应对经济增长停滞，将会加剧通货膨胀；若政府通过财政和货币政策来收缩总需求以应对通货膨胀，则又会导致经济增长的停滞。面对这种情形，凯恩斯主义一筹莫展，而以美国经济学家拉弗、万斯基、吉尔德等人为代表的供给学派开始登上历史舞台。供给学派认为经济增长停滞和通货膨胀实质上是由供给不足造成的，而这种供给不足则要归因于政府对经济的过多干预和管制。为此，供给学派反对政府干预，主张经济自由，让市场机制自动调节。供给学派主张通过减税降费来增加经济刺激，其中最具代表性的就是"拉弗曲线"，它反映的是税收收入与税率之间的相互依存关系。其基本原理为：理论上存在一个使税收收入最大化的最佳税率，根据税收=税率×税基，当实际税率高于最佳税率时，将抑制经济增长并导致税基损失而使税收收入不升反降；当实际税率低于最佳税率时，能够扩大有效税基，刺激经济增长的同时并不会减少政府收入。

（二）国内对供给侧结构性改革的理论认识

改革开放以来，我国宏观经济政策转向需求管理，逐渐形成需求导向的经济增长格局。但在需求引擎下，我国产业结构的高度化受制于两大瓶颈：一方面城市化和非农业化潮流引发基础产业供给瓶颈；另一方面是高消费的超前兴起引发技术供给瓶颈。为此，刘鹤等主张中国发展主导产业应重点发展基础设施和奢侈品的供给能力。总的来说，国内学者对于供给管理的研究比较缺乏。近年来，需求引擎的经济发展模式引发的经济结构性问题日益凸显，我国经济面临着"刘易斯拐点"和"中等收入陷阱"两大挑战。为此，国内许多学者开始重视供给侧改革的研究：一方面对西方供给学派的本质和演进规律进行了研究，比如贾康和苏京春发现了"供给侧"学派的两轮"否定之否定"的发展轨迹；另一方面立足于我国改革开放实践，探索构建解决我国实际经济问题的供给侧结构性改革理论，试图形成完整的经济理论体系。滕泰从供给侧视角对经济周期进行了重新定义，认为我国经济衰退是供给结构老化造成的，并提出"刺激新供给、创造新需求"的结构调整措施。贾康基于"新供给经济学"理论创新，对我国供给侧结构性改革进行了系统论述。金海年认为新供给经济学不同于西方供给学派关键在于，新供给经济学认为"供给"与"需求"两侧都不可偏废，但其作用是非对称的。综合国内外对供给侧改革的理论认识，发现对经济理论和政策的考察不能脱离特定的时代背景。当经济效率偏低时，供给理论成为主流，市场主体发挥主要作用，如萨伊所处的时代。当效率问题不突出、需求不足更明显时,需求理论成为主流,政府干预成为重要方式,如凯恩斯所处的时代。实际上,常规经济理论所主张的供需两侧均衡是一种理想状态,现实中均衡始终是在局部或整体偶然出现但又很快处于失衡状态。因此,供给侧和需求则是经济发展的"一体两面",政府应根据现实的经济环境及时对经济政策进行调整。当前我国经济政策侧重于供给侧建设现代化经济体系,且面临着独特的经济环境,急需构建具有中国特色的供给侧结构性改革理论来指导改革实践。党的十九大对我国社会主要矛盾做出了全新的判断,提出以供给侧结构性改革为主线的现代化经济体系建设是化解主要矛盾的重要抓手。我国社会主要矛盾也对供给侧结构性改革提出了更高的要求,强调经济、政治、社会、文化、生态全方位的改革。

三、推动现代化经济体系建设的供给侧改革国际经验与国内进程

(一)推动现代化经济体系建设的供给侧改革国际经验

1. 美国供给侧改革的成效与缺憾。20世纪七八十年代,苏联实力壮大、日本和西欧经济崛起以及石油危机爆发给美国经济带来巨大冲击;伴随国内劳动力人口增速下降、产能严重过剩、经济滞胀使得美国承受内外双重压力,凯恩斯主义倡导的需求管理对此一筹莫展。为此,里根政府开始采纳供给学派的建议,通过减税和放松管制来推动供给侧改革。随着供给侧改革的不断推进,美国经济实现持续增长,在里根执政期间通货膨胀率最低时已降至1.86%,经济增长率最高时已增至7.19%。美国产业结构实现优化升级,传统制造业焕发生机,新兴服务业和高技术产业得以迅速发展,在国防、核能、飞机、新材料等领域拥有世界领先的技术,并且催生出互联网等"新经济"的崛起,加速构建了美国现代化产业体系,为美国成为世界霸主奠定了坚实的经济基础。但也造成一定负面影响,比如减少社会福利支出使贫困者更加困难,而紧缩性的货币政策导致利率上升,进而增加了企业的负担。

2. 日本供给侧改革的成效与缺憾。日本在20世纪70年代经济增速换挡期,以及在21世纪初房地产泡沫导致的经济长期萧条后,政府分别进行了前后两次供给侧改革,并且都取得了一定成效。日本在1951—1973年间获得持续的经济高速增长后,随着石油危机的爆发,国内产业结构失衡、劳动力成本上升、环境污染以及房地产泡沫等因素,日本经济出现巨大危机。当时,日本政府积极开展供给侧改革,主要实施降低成本、鼓励创新、引导产业结构升级等举措,在电子计算机、高精度装备等领域投入大量资金,为日本电子产业奠定坚实基础,使其发展为制造业强国。与此同时,服务业也得到巨大发展,极大地优化了产业结构,推动了日本产业向现代化发展。自1985年"广场协议"

签订后，日元大幅升值促使日本政府实行宽松的货币政策，而大量资金向股票市场和房地产市场涌入，最终导致日本泡沫经济出现。日本政府再次选择进行供给侧改革，主要通过降低税率，放松管制，引导产业结构调整，推进养老保险改革等措施。本次改革虽然使日本经济有所好转，但效果并不如第一次突出，房地产泡沫也未能完全化解。综合日本两次供给改革来看，主要沿着降低企业成本和引导产业转型升级两条线进行，并都取得一定成效。但是，终身雇佣制及人口老龄化等问题降低了日本供给侧改革的成效。

3. 德国供给侧改革的成效与缺憾。德国经历1948—1966年间经济高速增长后，于1966年开始出现经济衰退，进入经济增速换挡阶段。当时，德国政府选择从需求侧进行改革，实施逆周期的财政和货币政策，结果导致财政常年赤字，债务积累，产业结构不合理化日益严重，使德国陷入严重的经济危机。1982年，科尔政府上台后采取了与之前相左的经济政策，从供给侧进行改革，通过减税和降低成本，推动产业结构升级，联邦资产私有化等供给侧方面的措施，取得了非常大的成效。德国各级政府在科研上的投入逐渐增加，大力推广自动化技术，推动电子、航空航天、汽车等产业的发展，重视经济发展质量，为德国成为制造业强国奠定了坚实基础。但是，由于供给侧改革清理了大量过剩产能，随着产业转型升级，许多企业开始采用自动化设备，这就导致了德国失业率居高不下，带来一定经济社会的负面影响。

（二）我国推动现代化经济体系建设的供给侧改革的发展进程

20世纪50年代至70年代，由于社会生产力发展水平较低，我国经济长期受到供给严重不足的困扰。为此，我国政府一方面实施重工业优先发展政策，推出156项重要工程和"两弹一星"项目，初步建成中国封闭条件下的现代工业体系；另一方面通过发放各种票证等方式限制总需求。这段时期，我国政府主要通过计划经济手段来增加供给并限制总需求以应对持续供给不足的压力。

十一届三中全会后，我国政府开始实施经济体制改革，由计划经济体制向市场经济体制转变。在经济上，我国政府开始放松管制，农村土地实行承包制，城市实行租赁、承包和股份经营，引进外资等。通过降低工业发展用地和能源资源成本，利用大量廉价劳动力，发展科技和支持主导产业发展来推动我国经济增长。这段时期，我国通过增加低成本要素的供给来推动经济的发展。

自20世纪90年代开始，社会生产能力显著提高，我国经济从供给不足向需求不足转变，进入需求引导型经济增长阶段。随着城镇化的不断推进，投资、消费、出口三驾马车成为我国经济增长范式，推动我国经济高速增长。2008年全球金融危机爆发，我国政府依旧从需求侧出发，采取宽松的货币政策和财政政策来刺激社会总需求，以此来应对危机。但需求管理的负面影响也逐渐凸显，产能过剩，大量资金涌入股票市场和房地产市场，投资、消费、出口三个方面呈现出动力不足的现象。

自2014年以来，我国经济高速增长状态向中高速转变，从粗放型增长向集约型转变，经济发展面临增速换挡，进入经济发展的新常态。随后，我国政府开始推进"三去一降一补"，并且成效显著，服务业主导作用不断增强，工农业转型步伐加快，城镇化质量不断提升。这些阶段性成果为后续改革提供了坚实的基础和宝贵经验[9]。

针对我国经济今后的发展方向，党的十九大指出必须坚持质量第一、效益优先，以供给侧结构性改革为主线，推动经济发展质量变革、效率变革、动力变革，提高全要素生产率，着力加快建设实体经济、科技创新、现代金融、人力资源协同发展的产业体系，着力构建市场机制有效、微观主体有力、宏观调控有度的经济体制，不断增强我国经济创新力和竞争力。

四、以建设现代化经济体系为目标的供给侧结构性改革实现路径

（一）以建设现代化经济体系为目标的供给侧结构性改革须要理清的认识误区

1. 过分强调供给侧而忽视需求侧。自20世纪80年代以来，我国政府强调通过需求引擎推动经济高速发展，现将侧重点转向供给侧，应避免从一个极端跳向另一个极端，过分强调供给侧而完全忽略需求侧。当前，"供给不足与供给过剩并存"和"需求下降与需求外移并存"是我国经济存在的两大主要问题。要解决这两大问题需要从需求侧和供给侧两端同时发力。我国供给侧结构性改革是一个长期过程，需要配以短期的需求管理来刺激经济，保障我国经济实现平稳过渡。此外，我国东西部发展极不平衡，西部在投资、基础设施建设等方面存在巨大发展潜力，急需需求管理来推动它们的发展。实际上，供给管理与需求管理本身也是无法彻底分开的。比如供给侧改革常用的减税政策，减少的税收必定以其他形式转入企业和居民手中，进而提升企业的投资需求和居民的消费需求。由此可见，供给侧改革和需求管理不是非此即彼的关系，而是相辅相成、互为补充，缺少其中任何一个，宏观调控都难以达到预期效果。

2. 生搬硬套西方供给学派观点来理解中国供给侧结构性改革。由于国内关于供给侧结构性改革的理论认识存在滞后，国内学者纷纷向西方供给学派"取经"，试图借鉴供给学派观点来引导我国供给侧结构性改革。事实上，西方供给学派所提倡的通过减税、放松管制等方式解决供给不足的问题也确实是我国供给侧结构性改革的重要内容。但

---

[9] 段进军，陆大道. 论大国东亚地缘经济战略与东亚地区经济合作[J]. 经济地理，1999，19（2）：22-26.

是，在中国特殊体制下，供给侧结构性改革的内容要丰富得多，强调的是长期的、全方位的改革。正如上文所述，经济政策应与所处的经济环境相适应，在借鉴西方供给学派观点的同时，要立足于我国宏观经济环境和改革实践，生搬硬套只会给我国改革带来错误引导。另外，西方供给学派观点本身也有局限性，如里根政府推行供给侧改革尽管取得巨大经济成效，但改革造成的社会福利支出减少也带来诸多社会问题，而这些正是我国供给侧结构性改革需要避免的问题。

3. 将供给侧结构性改革简单理解为增加商品或劳务供给。近年来，由于国内某些产品供给不足，导致许多人去国外购买。为此，很多人认为供给侧结构性改革就是要增加商品或劳务供给。但是，我国推动的供给侧结构性改革远比增加产品供给复杂，是一项涵盖经济、政治、文化、社会及生态的全面改革。因此，将供给侧改革理解为只是增加商品或劳务供给极大地缩减了改革范围。实际上，供给侧结构性改革的力量"不仅来自商品或劳务供给，更来自包括供给主体培育、要素投入、全要素生产率提升等组织管理方式"。此外，建设现代化经济体系是要推动产业转型升级，不断提升产品质量，以满足人民日益增长的消费需求。倘若简单理解为增加商品或劳务供给，极有可能造成对低端产品加大投资，而高端产品投资不足情况，进一步加剧我国产能过剩问题。

4. 将供给侧结构性改革回到计划经济或产业政策的老路。由于在供给侧结构性改革的过程中，政府常常要扮演重要的角色，容易让人认为供给侧结构性改革就是通过政府计划或政府主导来确定供给结构，利用行政手段强制淘汰"老"产业并鼓励"新"产业，这种方式就可能重新回到计划经济或产业政策的老路。在这种思路下，政府极易通过行政手段对企业生产强行干预，导致权力寻租和腐败的产生，增加企业的生产成本。然而，现代化经济体系的重要特征就是建立完善的社会主义市场经济体制。因此，政府应减少对经济的过度干预，充分发挥市场对资源配置的决定性作用，从而放松供给约束，解除供给抑制。政府需要做的是提供一个长远的、全局性的战略规划，提供良好的生活、创新和经营环境，提供完善的教育和科研系统等。

（二）以建设现代化经济体系为目标的供给侧结构性改革的"双核"动力：减税降费与简政放权

1. 减税降费。提升产品和服务质量、推动传统产业转型升级是建设现代化经济体系的重要目标。然而，当企业增加投入以改善产品质量时，成本势必大大增加，极易陷入企业生产不挣钱，而消费者买什么都贵的困境。解决该困境的关键在于疏通供给与需求的中间地带，降低中间地带的成本，进而打开供给与需求两侧。这个中间地带主要包括：（1）政府税收和社保缴费过高。自1995年到2014年，政府税收及加入预算内的收费占

GDP 比例从 10% 上升到 22%，加上土地出让金、社会保险及行政机构收费罚款等，极大提升了企业成本。（2）垄断国企占用大量社会资源。许多国企能够低价从政府手中获得土地出让，获得大量政府补贴，以较低利率从银行获得巨额贷款，凭借价格垄断来维持经营，极大抬高了整个社会的生产成本。（3）我国银行多年体制的垄断和行政定价导致非国有经济融资难、成本高。在融资方面，大型民营企业的贷款利率及其他收费一般需要 12%，中型民营企业一般在 16%~18%，小微民营企业则高达 20%~25%。

  由此可见，减税降费是疏通我国供给和需求两侧的重要途径，也是深化供给侧结构性改革的核心动力之一。与需求管理倡导的减税降费来扩大总需求不同，这里强调的减税降费侧重于供给侧，旨在通过降低企业成本来增加企业要素投入、扩大生产、增加就业、培育新的经济增长点，最终实现产业结构优化升级的供给侧改革重要目标。近年来，我国政府从宏观调控和税制结构优化两个方面入手，出台了一系列减税降费政策，但受现行财政体制改革滞后等因素的影响，这些政策成效还有巨大提升空间。笔者认为，进一步推进减税降费可从短期和长期两个方面入手。短期内，继续推进"营改增"、清理政府非税收费，减少新创企业税收，根据国际税收竞争环境的变化及时做出政策调整等；长期内，我国政府应降低财政收入增速，推动分税制财政体制改革，加速推进政府职能转变以降低企业交易成本，推动税收结构性调整等。总之，只有从供给侧实施减税降费才能疏通供给侧与需求侧的中间地带，进而为建设现代化经济体系提供必要的条件。

  2. 简政放权。建设现代化经济体系就是要建立完善的社会主义市场经济体系，这就要求通过供给侧结构性改革来激发市场活力，充分发挥市场配置功能。然而，当前我国供给侧结构性改革过分依赖行政手段，比如通过限购、限贷等行政措施遏制热点城市房价上涨等。行政手段短期内常常能带来立竿见影的效果，但长期来看也会带来许多弊端与后遗症。正如热点城市房产限购等行政措施，长期来看极易造成大量资本向非限购的城市转移，引发这些城市房价的快速增长，甚至引发更大的房产泡沫和金融风险。通常说来，市场经济体制越完善，政府越愿意用经济和法律的手段来解决经济问题，而市场经济体制不完善，政府更倾向于采用行政手段。目前，我国尚未形成完善的社会主义市场经济体制，这也是政府习惯用行政手段解决经济问题的客观原因。然而，我国供给侧结构性改革已经进入攻坚阶段，推动的是全面的、长期的、持续的改革，必须采用经济和法律的手段从根本上解决问题。为减少经济工作中的行政干预，政府应积极实施简政放权措施，放权给企业、社会及地方政府，以此来激发市场活力，并将政府从繁重的行政事务中解放出来。通过简政放权，一方面能够破除当前改革的行政阻碍，从源头上为改革提供必要的条件；另一方面能够通过市场力量来调整当前经济的结构性问题。因此，简政放权是我国供给侧结构性改革的核心动力之一。近几年，我国政府虽然在简政放权方面做出较大努力，但主要集中在取消和下放一些行政审批事项上。然而，我国长期形成的行政体制问题本身也是结构性问题，减少行政审批只是短期手段，实现的是量变，还需要通过全面推进简政放权来真正实现质变。

（三）以建设现代化经济体系为目标的供给侧结构性改革的实施重点：增加公共品供给、提升公共服务能力

当前，我国公共品、公共服务存在供给总量不足、供给结构不均衡、供给质量和效率不高的问题，是我国不平衡不充分发展的重要体现。尤其在教育、医疗、养老、住房等关乎百姓切身利益领域的供给不足，给我国经济社会造成严重的负面影响。比如天价学区房的产生，很大程度上是优质教育资源供给不足造成的。我国供给侧结构性改革强调"五位一体"的系统性改革，通过增加公共品供给，不仅能在经济上扩大居民消费、促进就业，也能在促进社会和谐稳定、改善人民生活质量、改善生态环境等方面发挥重要的作用，是推动我国供给侧结构性改革、建设现代化经济体系的重要引擎。为避免公共品和公共服务供给不平衡不充分的问题，要正确处理好政府与市场的关系，在发挥市场决定性作用的同时也要更好地发挥政府的作用。尽管我国政府自20世纪90年代便开始公共服务的市场化改革，我国社会力量的参与规模也在逐年扩大，但政府垄断公共服务的局面至今仍未发生根本性改变。公共品、公共服务领域的政府垄断格局导致政府在不该管的领域管了，该管的领域却没有管好的局面，比如政府在农村公共品供给方面就存在严重的缺位。为此，我国公共品供给侧结构性改革可从三方面展开：首先，充分肯定市场在公共品领域的决定性作用。建立完善的社会力量进入退出机制，支持社会资本的自由流动，推动营利性公共服务事业向产业化发展，鼓励非国有企业进入，进而提高公共品、公共服务供给效率。其次，积极转变政府职能，建设服务型政府。政府从宏观层面规范和引导公共服务发展，保证社会公众享有公共品均等化，解决供给侧结构失衡的问题，尤其在教育、医疗等关乎民生的公共品领域。最后，鼓励非营利性社会团体和个人参与公共品供给。总之，增加公共品、提升公共服务能力是现代化经济体系建设的重要保障，政府要做到既不"越位"，也不"缺位"。

（四）以建设现代化经济体系为目标的供给侧结构性改革的主攻方向：优化产业结构

供给侧结构性改革要以优化产业结构为主攻方向，构建现代产业体系，为现代化经济体系提供重要支撑。新供给主义经济学认为完整的经济周期包括新供给形成、供给扩张、供给成熟、供给老化四个阶段，前两个阶段中经济充满发展活力，而后两个阶段经济将呈现活力下降的趋势。当前，我国许多产业处于供给成熟和供给老化两个阶段。由于技术周期的供给老化问题的存在，无论是需求管理还是供给管理都无法解决其活力下降的问题。然而，战略新兴产业、现代服务业及高端制造业还处于前两个阶段，具有巨大的发展潜力，供给侧结构性改革应将资源从处于供给成熟或供给老化的产业中转移到这些产业中去。

1.战略新兴产业的发展。互联网、物联网、新能源、大数据、生物技术、人工智能等战略新兴产业已经成为全球经济增长竞赛的主战场，世界各国都在这些领域进行大量投资，试图成为这些领域的领导者。近年来，我国在战略新兴产业也取得较大发展，高铁、电商、共享经济等都取得巨大的成就。但总的来说，与发达国家相比还存在较大的技术差距和技术鸿沟。因此，供给侧结构性改革需将战略新兴产业发展作为实施重点，大力挖掘和培育"新经济"动力群，推动我国经济社会转型升级。战略新兴产业的发展离不开创新，我国政府应继续推进创新驱动发展战略，扩大对外开放，充分发挥集聚效益，释放民智民力。具体包括：（1）借助"一带一路"建设，与沿线国家就战略新兴产业创建合作平台，发挥各自优势共同推动产业发展；（2）推动区域协调发展，不同区域间构建相应的合作机制，比如粤港澳大湾区内的城市可围绕新能源、大数据等产业展开深入的合作；（3）正确处理好政府与市场的关系，避免政府直接干预战略新兴产业的发展；（4）加大战略新兴产业的投资，促进价值链全面升级。值得注意的是，这里强调的投资目的是进行广泛、持续的技术升级，而不是为了扩大产能；（5）创建支持创新的金融体系，完善资本市场建设。

2.现代服务业的发展。我国已进入工业化中后期，形成以服务业为主体的经济结构转型升级是我国供给侧结构性改革的重点。党的十九大指出，要支持传统产业优化升级，加快发展现代服务业，瞄准国际标准提高水平。就目前我国服务业占GDP的比例来看，相比于发达国家要低20%左右，相比印度、俄罗斯等金砖国家要低10%左右，相比于进入工业化中后期的实际需求要低5%左右。另外，我国大量资金滞留在传统服务业当中，现代服务业比重偏低，公共服务业供给不足，可见我国服务业还有巨大的发展空间和发展潜力。随着居民消费水平的不断提高，消费结构也从物质型消费向服务型消费转变。以养老为例，传统的养老主要满足老年人住宿、饮食等基本生活需求，而现代养老形成集地产、养生、健康医疗、旅游于一体的综合模式，形成了一个庞大的产业链。由此可见，现代服务业的发展能够极大优化产业结构，为我国经济增长注入新动力。另外，以研发为重点的生产性服务业不仅能够起到调整产业结构的作用，还能推动制造业的转型升级，因此制造业与现代服务业也是相辅相成的关系。当前，我国现代服务业供给不足关键在于我国服务业市场不够开放,导致服务水平低、价格高的现状。为此,增加现代服务业有效供给的关键是要开放现代服务业市场,打破服务市场的行政垄断,构建统一开放、公平竞争的现代服务业市场体系[10]。

3. 高端制造业的发展。制造业分为传统制造业和高端制造业两大类,在传统制造业领域,我国存在产能严重过剩的问题。然而,包括航空器与航天器制造、高铁装备制造、核电装备制造、特高压输变电装备制造、高端机械制造及现代军工制造在内的高端制造业则处于供给形成和供给扩张阶段,其附加值高、产业关联度高以及市场前景好等特点使其可以成为我国新的支柱性产业。2015年5月19日国务院印发的《中国制造2025》也着重强调了高端制造业的发展。从世界范围来看,美、日、德等发达国家都是高端制造业强国,无论在规模和品质都处于世界领先水平。相比之下,中国尽管有220多种工业产品产量高居世界第一,但许多高端制成品不得不依赖进口,有些产品还受到西方国家的出口管制和封锁。推动我国高端制造业发展,可从以下几个方面入手:(1)政府要避免走产业政策的老路,为高端制造业企业创造良好的、公平的市场环境。创新是高端制造业发展的核心动力,而企业作为创新的主体,迫切需要政府创建良好的市场环境。(2)不断提升产品质量、可靠性、提高精度效率。德国产品能够得到世界各地消费者的青睐,关键就在于其产品有着过硬的质量和可靠性的保障。(3)重视基础理论和尖端技术的研究,推动高校与企业间的合作,建立产学研合作机制,加速研究技术创新成果的产业化。

我国经济已由高速增长阶段转向高质量发展阶段,正处在转变发展方式、优化经济结构、转换增长动力的攻关期,建设现代化经济体系是跨越关口的迫切要求。建设现代化经济体系战略目标对供给侧结构性改革提出了全新的认识和要求,它是涵盖经济、政治、社会、文化、生态"五位一体"的系统性改革。近年来,我国供给侧结构性改革取得一定阶段性成果,为后续改革提供了宝贵经验与教训。目前改革已经进入深水区,必须把握"减税降费"和"简政放权"双核动力,通过增加公共品供给、提升公共服务能力,发展战略新兴产业、现代服务业和高端制造业优化产业结构,推动全方位、系统性的供给侧结构性改革,进而构建具有中国特色的现代化经济体系。

第六节 现代化经济体系:基本框架、关键问题与理论创新

建设现代化经济体系是发展中的大国经济走向高质量发展的主要标志和重大战略选

---

[10] 郭焕成,张继宏.国际地缘经济板块及其内在机制研究[J].经济地理,1994,19(2):1-5.

择。我国建设现代化经济体系时，需要构建包括产业体系、市场体系、分配体系、区域发展体系、绿色发展体系、开放体系和经济体制在内的各个子系统，总体框架是要坚持一个方针，坚持一条主线，建设创新引领、协同的产业体系和"三有"经济体制。其中，壮大实体经济、构建现代产业体系是支撑这个体系和框架的物质基础。建设现代化经济体系是行动范畴的重大决策和理论创新成果，是对中国特色社会主义应用经济理论发展的巨大贡献。

进入新时代后我国经济建设的一个总纲领，就是要从速度经济追求阶段转向高质量经济发展阶段，加快建设现代化经济体系。这是跨越转变发展方式、优化经济结构、转换增长动力攻关期这一关口的迫切要求，也是我国发展的战略目标。习近平总书记指出，建设现代化经济体系是一篇大文章，既是一个重大理论命题，更是一个重大实践课题，需要从理论和实践的结合上进行深入探讨。深入探讨如何做这篇大文章，无论是对于科学把握建设现代化经济体系的目标、内涵和重点，寻求扎实管用的政策举措和行动，还是在这个过程中总结经验教训并进行可能的理论创新，丰富中国特色社会主义经济理论的宝库，无疑都具有非常重要的价值和作用。

一、发展中大国建设现代化经济体系的战略意义

现代化经济体系是中国共产党第十九次全国代表大会报告基于"国家强，经济体系必须强"的理念，集全党全国人民的智慧，创新性地提出来的一个具有高度建设性的重要经济范畴。现代化经济体系是现代化强国的经济基础，建设现代化经济体系是缓解新时代社会主要矛盾的重要途径，无论如何强调它的作用和地位都不为过。

进入新时代以后，随着生产力的迅猛发展，我国社会主要矛盾发生了深刻变化。这种变化有两个方面：一是人民群众对物质文化生活的需要，变成了对美好生活的需要，除了对物质的需求，还有对更好的教育、更稳定的工作、更满意的收入、更可靠的社会保障、更高水平的医疗卫生服务、更舒适的居住条件、更优美的环境、更丰富的精神文化生活等需要；二是解决落后生产力问题变成了解决发展不平衡不充分的问题，供给的总量问题转化为结构问题。但进入新时代后，社会主要矛盾也有不变的两个方面的特性。第一个不变的特性，是我国仍处于并将长期处于社会主义初级阶段的基本国情，我国仍是世界上最大的发展中国家。因此，牢牢立足于社会主义初级阶段这个最大实际，以经济建设为中心，坚定不移把发展作为党执政兴国的第一要务，是实现两个一百年宏伟目标的战略方针。第二个不变的特性，与社会主要矛盾的经济属性有关。过去，中国经济社会发展要克服短缺经济，如今，生产力虽然得到了迅速发展，但发展的质量与发达国

家相比，仍然有较大的差距，体现在供给端就是结构的不平衡不充分，体现在需求端就是需求结构的升级。可见，进入新时代社会的主要矛盾，本质上仍然是生产力发展水平的矛盾。现在我们继续坚持发展为第一要务、以经济建设为中心，不是为了解决有无的问题，而是要解决好坏的问题，解决结构的不均衡问题，解决质量的高低问题。

转向高质量发展阶段，以经济建设为中心的内涵就发生了深刻变化，速度经济体系就要转化为质量经济体系，两者之间有这么几个方面的不同。

（一）历史条件和背景不同

在追求高速度发展阶段，我们面临的是生活水平处于贫困或温饱的问题，短缺经济是其基本特征，东西方冷战的背景也要求我们实施部门和地区非均衡的赶超战略。在追求高质量发展阶段，我们处于全面小康以及加速进入基本现代化阶段，经济总体上出现了过剩状态，非均衡的赶超战略要逐步为均衡发展战略所取代。

（二）发展评价的维度不同

高速度发展阶段适合于单维的评价，数量有无、多少是政策追求的主线。在高质量发展阶段，需要多维的评价，不限于数量，质量好坏才是最根本的要求。如对美好生活的需要，包括收入、教育、工作、社保、医卫服务、居住条件、环境，等等。因此高质量发展是体现新发展理念的发展，是创新成为第一动力、协调成为内生特点、绿色成为普遍形态、开放成为必由之路、共享成为根本目的的发展。

（三）实现的手段和工具不同

在高速度发展阶段，需要所构成的标的均质单一，数量小范围窄，信息清晰，这时政府替代民众选择、集中资源实现非均衡发展、运用计划手段是效率较高的管理方式。而在高质量发展阶段，需要的标的构成要素复杂，规模庞大、差异性极大，信息获取成本过高。这时让市场去内生调节，是最优的调节方式。美好生活的需要对应着的市场和非市场的范围和规模都在扩大。迅速增长的非市场调节领域所出现的市场失败，要求政府改变作用领域和管理职能。

如果说，小国经济可以通过嵌入全球经济实现专业化分工和合作，从而建立起依赖外部关系的开放型现代化经济体系的话，那么对于中国这样一个大国经济，参与国际分工合作固然也是建设现代化强国的必然选择之一，但是必须清醒地认识到，主要依据不断增长的、规模巨大的内需优势，去建设独立自主的、开放的现代化经济体系，是我国发展战略目标的最重要选择。其实这个道理很简单。小国经济因国内需求规模的限制，不可能也没有必要建设很多门类齐全的具有规模经济特性要求的现代化产业，必须放弃许多产业领域，同时也需要较大规模地利用外部市场，与全球经济尤其是大国强国之间建立起依赖型关系，否则就很难生存。像中国这样的大国经济，人口规模大，出于成本节约、经济安全等要求，虽然也需要通过开放来获取和利用全球的资源、技术和知识，但是由于全球经济竞争的排他性，我国产业发展所需要的核心关键技术和知识是市场换不来的，也是金钱买不到的，必须独立自主研发，否则就不可能形成基础厚实的制造业和强大的军事工业。

二、现代化经济体系建设的主要内容

现代化经济体系，是由社会经济活动各个环节、各个层面、各个领域的相互关系和内在联系构成的一个有机整体。也就是说，它是由工农商学兵、东西南北中、上下左右中、价财金物流等各个方面，以及由生产、流通、分配、消费、投资等再生产各环节衔接起来的有机的经济系统。对这个体系不能孤立、片面地理解而必须紧密结合国民经济的方方面面进行系统化分析。

过去40多年中，我们在转轨经济的总趋势下，坚持社会主义市场经济体系的建设。这一改革和建设任务取得了世界瞩目的成就。现在看来，中国要在未来20年左右的时间内跻身世界中等发达国家序列，体制机制的改革虽然是基本的保障，但是根本上还是要通过创新引领，加速发展生产力，这就需要一个更大的宏伟设想和纲领来统领。借鉴世界上发达国家的发展经验和一些有益的做法，根据中国国情，这个更大的宏伟设想和纲领就是要建设现代化经济体系。按照习近平总书记的经济思想，现代化经济体系主要包括以下几个子体系和建设内容。

（一）产业体系

这是现代化经济体系的基础和核心。从现代经济增长理论看，就是要建立以实体经济发展为目标，以科技创新、现代金融、人力资源等为投入要素的协同发展的产业体系。现代产业体系要求这四个要素之间相互协同，而不是孤军奋战，总的目标是实体经济不断壮大，要使科技创新在实体经济发展中的贡献份额不断提高，金融服务实体经济的能力不断增强，人力资源支撑实体经济发展的作用不断优化。

（二）市场体系

这是现代化经济体系配置资源的决定性机制。只有建立和完善准入畅通、开放有序、竞争充分、秩序规范的市场体系，才能够给企业提供自主经营、公平竞争的优良环境，才能给消费者创造自由选择、自主消费的空间，才能实现商品和要素的自由流动和平等交换，才能为高质量经济发展奠定微观基础。

（三）分配体系

这是现代化经济体系的激励机制。在追求效率的基础上，用分配和再分配工具实现社会成员之间的合理收入分配，逐步缩小收入和财富分配的差距，推进共同富裕、基本公共服务均等化，这既是经济体系现代化的基本要求，也是根本性标志。

（四）区域发展体系

这是现代化经济体系的空间布局结构。总的要求是要兼顾效率与公平，实现国土资源利用效率较高、要素密集程度较大、生态容量适度、城市群落连绵、区域发展差距较小的生产力布局目标。

（五）绿色发展体系

这是现代化经济体系的生态环境基础，也是国民财富的重要组成部分。总的要求是要资源节约、环境友好，实现绿色循环低碳发展、人与自然和谐共生。

（六）开放体系

这是国家经济系统与外部世界的联系机制。高水平的开放型经济体系是深度加入全球分工体系、与世界经济之间有着良性循环关系的经济，不仅可以输出商品和要素，而且也可以吸收商品和要素；不仅可以引进来，而且可以走出去；不仅可以对东开放，而且可以沿"一带一路"向西向南开放[11]。

（七）经济体制

这是现代化经济体系的制度基础。并不是只有西方的市场经济体制才是现代市场经济。新时代中国特色社会主义市场经济，其主要特征是充分发挥市场作用的同时更好地发挥政府作用，实现市场机制有效、微观主体有活力、宏观调控有度。

中国目前不仅是全球第二大经济体，也是转型发展中的大国。一是我们仍处于向社会主义市场经济体制全面转轨的过程中，支撑现代化经济体系的经济体制，尤其是市场体系并不完善和健全；二是我们是发展中国家，不仅生产力不够发达，而且内部结构也存在着高度不均衡的问题，从较为原始状态的农业和手工业，到世界领先的航天航空产业技术，我国的产业技术体系呈典型的梯度分布。因此，建设现代化经济体系需要面对基本的国情，转变许多过去行之有效但现在已不适应国情的基础战略。

第一个基础战略转变，是要把非均衡战略转向均衡战略。要从片面追求经济速度，更多地转向保护生态环境、攻克关键技术、增加基本公共服务和基础设施、发展要素市场等。第二个基础战略转变，是要从提升储蓄规模、加大资本形成率转向建设创新引领、

---

[11] 沈越.亚洲金融危机与世纪之交的世界经济格局[J].北京师范大学学报（社会科学版），1998，149（5）：48-53.

四位协同的产业体系。第三个基础战略转变,是要在商品市场化配置基础上,重点强化要素市场化配置。在高质量发展阶段推动或加速结构转换,是建设现代化经济体系的微观基础条件。而推动结构高速转换,最主要取决于要素市场化配置的程度,尤其是资本市场的作用。第四个基础战略转变,过去长期实施的效率优先、兼顾公平的分配原则,要转向在效率基础上的共享性分配。这既是为了刺激消费和扩大内需,也是为了缓解社会矛盾,避免发展落入中等收入陷阱。第五个基础战略转变,空间上产业政策优先还是地区政策优先,需要找到平衡点。这方面主要任务是:主要以发展城市群落的政策振兴乡村;建设世界级先进制造业集群,均衡区域关系;加速中国主要行政区域的经济发展一体化。第六个基础战略转变,过去绿色化是成本、是贫困,现在要把其内化为收益、福利和财富。要加强绿色GDP的核算,从国民生产总值转向国民生态产值。建设生态环境的补偿机制。第七个基础战略转变,出口导向的全球化要转向基于内需的全球化。这是创新驱动经济形成的必要条件,也是建设独立自主的现代化经济体系的基本要求。第八个基础战略转变,要建设面向高质量发展的经济体制和机制。主要的内容有:硬化所有权的约束,即预算约束硬化;建设为高质量而竞争的地方政府机制;产业政策要逐步让位于竞争政策;建设法治化的政府宏观调控体系。

三、我国建设现代化经济体系的总框架

建设现代化经济体系,是中央对我国经济发展框架的顶层设计。按照十九大报告的精神,现代化经济体系的总体框架,就是要坚持一个方针,坚持一条主线,建设创新引领、四位协同的产业体系和"三有"的经济体制。

坚持一个方针,就是质量第一、效率优先,这反映了十九大以来我们党对过去发展模式的深刻反思。我国赶超战略取得了世界瞩目的经济成就,但由于非均衡发展模式的倾斜作用,也留下了一些困扰未来高质量发展的"重大结构性失衡"问题,人民日益增长的美好生活需要和不平衡不充分发展,已经上升为社会的主要矛盾。为此必须首先在战略上进行纠偏,从追求高增长速度转为追求建设高质量经济体系,实现发展速度与民生福利的双重追赶。这一战略转变趋势叠加上我国提前进入人口老龄化,意味着发展条件发生了巨大的变革,其中一个最重要的现象,就是要素价格不断上扬。原因很简单,速度有所降低了,但是人民福利要求高了,环保要求高了,劳动者负担系数高了,总之,发展的社会成本提高了。如果这种成本上升的趋势不能为技术创新、科技进步和生产率上升等高质量发展力量所消化,不能从过去的低成本优势转向高附加价值的竞争优势,我国未来的发展的内在动力将有所衰减,增长速度的降低加上成本推动型通胀的压力,

将有可能使我国的经济运行出现滞胀格局,并陷入中等收入的发展陷阱。因此,推动质量、效率、动力三大变革,成为坚持质量第一、效率优先这个方针的必然选择。

坚持一条主线,就是深化供给侧结构性改革。推动质量、效率、动力三大变革,其政策着力点在现阶段存在"重大结构性失衡"的前提下,是要努力地向结构调整要速度、向结构变化要质量、向结构变化要效益,这是解决新时代社会主要矛盾的不二法门。当前经济运行中的主要问题,是供给的结构、质量体系与不断升级的社会需求结构之间,存在着这种"重大的结构失衡",从而导致产能过剩、资源配置扭曲、效率低下和运转不灵。以供给侧结构性改革为主线促进现代化经济体系建设,重点要加快发展先进制造业、战略性新型产业、高技术产业,推动互联网、大数据、人工智能同实体经济深度融合。工作抓手一是要给实体经济企业减税减费,降低负担;二是要放松对实体经济企业的行政管制和微观控制,放开捆绑的手脚,让其轻松上阵参与全球新一轮竞争,让市场机制充分发挥自我调节和自我修复的功能。总之,需要各级政府努力推动要素向实体经济聚集,制度创新向实体经济对接,经济政策向实体经济倾斜,工作力量向实体经济加强,营造脚踏实地、勤劳创业、实业致富的发展环境和社会氛围。

建设创新引领、四位协同的产业体系,就是要建设实体经济、科技创新、现代金融、人力资源协调发展的产业体系。实体经济发展是目标,任何脱离发展实体经济轨道,使虚拟经济自我服务、自我循环、自我强化的不良倾向,都会动摇国民经济的基础,都需要大力纠偏;科技创新是实体经济发展的第一驱动力;现代金融则是保持其健康运行的血液系统;人力资源是建设现代化经济体系第一生产力。

建设"三有"的经济体制,就是市场机制要有效率、微观主体要有活力、宏观调控要有度。我国现代化经济体系建设的每一次重大进步,都是来自对不适合生产力发展的体制和机制的大胆改革和创新。中国经济奇迹是市场取向改革的重大胜利。未来不断地调整和改革政府与市场关系,是建设现代化经济体系的主要路径。基本原则是:一是要更好而不是更多地发挥政府作用,要通过负面清单、责任清单等管理,适当减少干预;"更好"的标准是不缺位、不越位、不错位。二是要把"放手"当作最大的"抓手",政府对权力清单外的事务要多做"减法"。三是要"放手"不是"甩手",要为市场活动制定规范,进行监督和仲裁,纠正市场失败,在非营利性领域发挥主体作用,为市场发展提供充足的外部条件。

四、创新引领、协同发展的产业体系是现代化经济体系的基础

实体经济、科技创新、现代金融、人力资源协同发展的产业体系(以下简称"创新

引领、协同发展的产业体系"），是我们党创造性地从要素投入角度明确的产业体系建设新目标，是扎根我国发展实践、尊重经济发展规律的重大理论创新。它强调增长要更多发挥高级生产要素的协同作用，更多依靠提高全要素生产率；强调国民经济中投入的生产要素最终必须要落实在实体经济上，鼓励金融服务实体经济，而且要用现代金融机制支撑科技创新和经济增长。

实践中，要建设创新引领、协同发展的产业体系，重点需要关注三对关系。

（一）实体经济与科技创新的关系

总的原则是要使科技创新在实体经济发展中的贡献份额不断提高。目前我国科技研究水平与世界的差距要小于我们的实体产业水平与世界的差距。产生这个矛盾的主要原因，可能是我们的科研指向与实体经济脱节，也可能是我们鼓励科学家转化科研成果的制度还不够完善，如对知识产权保护不力、对科学家从事科研成果的产业化缺少支持等。科技成果进不到实体经济是一个老问题。解决这个问题的一个办法就是让科研活动产业化，按照市场的规律来服务实体经济。但是科研活动不是所有的环节都能产业化的，它分为两个阶段：第一个阶段是把钱变成知识，这是科学家的事情；第二个阶段是把知识变成钱，这是企业家的事情。这两者不能混淆。在第一个阶段，我们应该强调的是科研的原创性和独特性；但在第二个阶段，如果科研活动不能围绕产业化进行，那么经济的自我循环过程就阻塞了，就会出现实体经济与科技创新之间的严重不均衡。

（二）实体经济与现代金融的关系

总的原则是要使现代金融服务实体经济的能力不断增强。当前实践中存在的主要问题是制造业"空洞化"，即金融发展过度而影响制造业健康发展。表现为实体经济不实，虚拟经济太虚，资金在金融体系内部运转，进不到实体经济，同时实体经济本身产能过剩、杠杆率太高、生产率低，不能创造出投资者满意的回报率，因而吸收不到足够的发展资源。2017年中央坚决去产能，去杠杆，使很多企业甩掉了沉重的债务包袱，经济逐渐恢复生机和活力。"脱实向虚"的现象与我国经济运行中的"资产荒"问题有直接的联系。"资产荒"表现为居民巨大的理财需求对应着有限的资产供应，由此不断地拉高资产价格，使发展环境不利于实体经济。人民群众追求美好生活的需求，既包括物质文化的方面，也包括理财需求，追求财富的增值是生活水平提高后的基本需求。不能满足居民不断增长的理财需求，是我国房地产领域货币流入过多、泡沫积累的重要原因之一。因此均衡实体经济与现代金融的关系，一个重要的选择是要积极发展现代金融，使其可以为社会提供更多可供理财的优质资产。

（三）实体经济与人力资源的关系

总的原则是要使人力资源支撑实体经济发展的作用不断优化。现在我们要振兴壮大实体经济，但优秀人才又不愿意去实体经济领域就业。人才愿意去哪些部门就业，虽然完全是个人选择，但是如果从国家战略层面上看，一个年轻人不爱去就业的行业，是不会有光明的前途的。人力资源与实体经济之间的错配，是我国振兴壮大实体经济遇到的最大难题之一。解决这个问题，要从根本上提高实体经济的盈利能力，为吸引年轻人就业创造好的物质条件。技术工人是中国制造业的顶梁柱，是中国制造的未来，必须大幅度提高制造业中技术工人的待遇，实施首席技工制度，并鼓励他们持有企业的股份，跟企业共命运、同成长。要提高职业技术教育的社会地位和经济地位，让工匠过上有社会尊严的、体面的生活，年轻人就会自然爱当工匠，国家实体经济就一定会振兴。

五、建设现代化经济体系要有扎实管用的措施

新时代现代化经济体系构建的顶层设计和基本方略，需要与基层创新联动起来，需要我们的具体行动，需要有扎实管用的政策举措，为此要突出抓好以下几方面工作。

（一）以科研产业化和市场化为核心的创新驱动发展政策

要"塑造更多靠创新驱动、更多发挥先发优势的引领性发展"。从后发优势转向先发优势，要求我们掌握更多新技术源头，必须经历时间更长、花费更多、风险更大、更艰苦的基础研究和产业化过程。我们要瞄准世界科技前沿，强化基础教育和基础研究，实现前瞻性、引领性原创成果的重大突破。

（二）以城市群落为核心拉动"三农"现代化的振兴乡村经济政策

乡村振兴不是回归传统"三农"格局，而是"三农"现代化，即农民减少、农民变富；农业比较收益率上升，达到社会平均水平及以上；农村在工业化主导下开始享受城市化的生活方式。城市化生活方式，不是指把农村变成城市，而是生活方式跟城里人一样，如发达的基础设施、教育、医疗、社交、文化，等等。振兴乡村当然要从产业、人才、文化、生态、组织等方面入手，但是依托发展连绵的城市群落来振兴乡村，是中国未来三农发展的最重要的思路。如果说长三角地区、珠三角地区是中国乡村振兴最成功的典型的话，那么它们也是未来中国"三农"发展可以选择的发展模式。离开城市化，离开了城市群的发展，孤零零地去振兴乡村，根本行不通走不远。其中，放开对农民的各种不合理限制，鼓励人口自由流动，政府完善社会保障体系，才是最要紧的事情。

(三)以时空压缩、增加密度和减少分割为核心的区域协调发展政策

应该根据各地实际情况,分门别类制定差别化经济政策,如东北等老工业基地振兴,需要通过深化改革重塑激励机制和发展动力,使其焕发青春活力;对东部发达地区,则应要求其率先实现地区优化发展,率先启动进入基本现代化的第二步战略。未来应根据"时空压缩、增加密度、减少分割"的经济地理重组原则,鼓励以城市群落为主体,构建大中小城市和小城镇协调发展城镇格局,加快市民化进程。

(四)以构建命运共同体为核心的立体全方位开放政策

当前新一轮基于内需的全球化浪潮正在兴起,中国要利用自己的内需优势,吸收全球先进的高级生产要素,为我国发展创新经济服务。主要是:1.以"一带一路"建设为重点,建立和完善以"我"为主的全球价值链,促进国际产能合作,形成面向全球的贸易、投融资、生产、服务网络,培育国际经济合作和竞争新优势;2.实行高水平的贸易和投资自由化便利化政策,全面实行准入前国民待遇加负面清单管理制度;3.赋予自由贸易试验区更大改革自主权,探索建设自由贸易港。

(五)以减轻企业负担、放松经济管制为核心的供给侧结构性改革政策

在保持宏观经济环境较为稳定的前提下,扭转中国经济运行的"重大结构性失衡",必须通过改革找到解决问题的源头、路径和动力。这个源头、路径和动力,就在于通过供给侧结构性改革,真正地推动政府改革。供给侧结构性改革必然要更多地发挥市场对资源配置的决定性作用,由此而进行的政府改革,将产生放松管制和减轻企业负担的双重效应。这是由政府改革降低政府规模、减少不必要的职能和事务、减少政府支出的内容决定的,也是供给侧结构性改革中的两个关键问题。由此必然会刺激内需扩大,增强企业的投资能力与民众的消费能力。这对消化产能过剩、稳定投资预期、增加民众获得感、减少资本外流等将产生决定性的作用,同时也有利于我国把基于出口导向的全球化经济发展模式转化为基于内需的全球化经济发展模式,进而推动我国进入自主创新的经济循环,产生巨大的发展新动能[12]。

六、现代化经济体系建设中蕴含的理论创新

十九大报告关于建设现代化经济体系的顶层设计和重大部署,不仅提出了诸多需要实践、实干的重大任务,而且在经济理论上蕴含着重大创新,丰富了中国特色社会主义经济理论的宝库。

如果说十九大报告对新时代社会主要矛盾的表述,是属于认知范畴的重大判断和理

---

[12] 陈锴.中国—东盟地缘经济关系研究[D].上海社会科学院,2009.

论创新成果,是对社会主义政治经济学发展巨大贡献的话,那么试图为解决这个主要矛盾而提出的经济建设的总纲领,即建设现代化经济体系,就属于行动范畴的重大决策和理论创新成果,是对中国特色社会主义应用经济理论发展的巨大贡献。现代化经济体系范畴所蕴含的智慧光芒,对中国特色社会主义应用经济理论发展和进步的巨大贡献,主要表现在以下三个方面。

(一)对发展经济学理论的贡献和创新

过去我国的发展理论主要针对的是在落后生产力和短缺经济的条件下,研究如何提高储蓄率和投资率,从而加快经济增长的问题;建设现代经济体系则是在资本和商品"双过剩"的条件下,针对新时代社会主要矛盾的变化,研究如何推动经济高质量发展等问题。问题不再是短缺而是过剩,不再是数量而是质量,不再是有无而是好坏,重点要解决经济运行中的重大结构失衡问题,如实体经济内部的失衡、实体经济与金融的失衡、实体经济与房地产的失衡问题等。过剩经济条件下矫正结构失衡所运用的政策工具和手段,也与短缺经济条件下的经济发展完全不同:后者主要是运用促进经济快速增长、提高储蓄率和投资率等方法;而前者则需要从两个方面着手:一是要提升实体经济技术水平和生产率,以追求高质量为导向进行结构调整;二是要鼓励在虚拟经济领域进行金融创新,为社会日益增长的理财需求提供更多的优质金融资产,以缓解"资产荒",平抑资产泡沫,保持与实体经济之间的均衡关系。对发展政策来说,这些都是新问题;对发展理论来说,这些都需要进行新的总结和提炼。

(二)对产业经济学理论的贡献和创新

过去我们在发展中大国经济语境下,把建设现代化产业体系定义为要全面构建比较稳固的现代农业基础,比较发达的制造业尤其是高等级的装备制造业,以及门类齐全、迅速发展的现代服务业。这种建设产业体系的目标,分割而不是融合了产业部门之间的联系,缺乏部门间的资源流动、等量资本获取等量收益的均衡协调发展的现代市场经济意识,很容易在原有的二元经济结构下再形成产业之间的新结构撕裂。作为现代化经济体系的物质基础,十九大报告提出建设四位协同的产业体系,创造性地从要素投入角度而不是部门分割的角度,明确了未来产业体系建设的新目标,以及各要素之间协同发展的总要求,是扎根我国发展实践、尊重市场经济运行和发展规律、对现代产业发展理论的重大创新。

(三)对现代经济增长理论的贡献和创新

现代经济增长理论虽然一直强调人力资本、知识资本和技术资本在增长中的决定作用,但是较少地研究如何更多地发挥高级生产要素(科技创新、现代金融、人力资源等)

的协同作用问题，更少强调国民经济中投入要素如何服务于实体经济的问题。这是西方国家实践中经常出现产业"空洞化"和泡沫经济的重要的原因。中国的经济现代化进程，必须高度重视西方国家发展的这一经验教训。习近平总书记在阐述现代化经济体系的内涵和建设措施时，就多次要求把大力发展实体经济作为筑牢现代化经济体系的坚实基础。他指出，实体经济是一国经济的立身之本，是财富创造的根本源泉，是国家强盛的重要支柱。要深化供给侧结构性改革，加快发展先进制造业，推动互联网、大数据、人工智能同实体经济深度融合，推动资源要素向实体经济集聚、政策措施向实体经济倾斜、工作力量向实体经济加强，营造脚踏实地、勤劳创业、实业致富的发展环境和社会氛围。这是在现代经济增长的轨道中，防止出现"脱实向虚"等不良倾向重要的理论保障。

在建设现代化经济体系的过程中，中国的实践可能会对过去一些来源于西方经济实践的理论命题进行重新思考，并在此基础上进行创新，从而提出与中国国情紧密联系的新问题、新经验、新规律和新结论。例如，有中国特色的社会主义共享型分配理论，是对资本主导的分配理论的重大创新；在市场起决定性作用的基础上，更好地发挥政府作用的社会主义市场经济体制理论，是对市场作用的西方市场经济理论的重大创新；以绿水青山、金山银山为特征和指向的生态经济理论，是对工业化、现代化理论的重大创新；以攀升全球价值链和构建世界级先进制造业集群来均衡区域关系的空间经济理论，以及以"一带一路"倡议、构建全球命运共同体为内容的开放性经济发展理论，是对以发展中国家为研究对象的国际经济学理论的重大创新等等。

第二章 现代市场经济理论与发展

第一节 现代市场经济的特征

党的十六大以来，一直强调要建立有中国特色的社会主义市场经济体系，这种体系既是有中国特色的，也是符合现代社会发展要求的。从目前世界各国的经济体制现状来看，实行市场经济的国家占大多数，但真正实现繁荣经济目标的，都是建立起规范和有效的市场经济体制的国家。许多国家虽然长期实行市场经济，但不规范和低效运行让国家经济在低谷徘徊。可见，并非实行了市场经济，资源配置就可以自动优化，社会福利就能自动增加。尤其是原来实行计划经济的国家在向市场经济转轨中，很容易陷入不规范的、低效的市场经济中而难以自拔。根据世界一些国家的成功经验，根据现代市场经济发展的情况，运作规范的现代市场经济一般有以下几个特征：自成体系的企业制度、规范的政府职能、有效的市场竞争、良好的社会信用和健全的法制基础。

一、独立的企业制度

市场主体是市场经济的基石，而企业是最主要的市场主体。市场经济不同于计划经济的一个重要特点就是通过分散决策和价格机制实现资源配置。分散决策的好处是每个企业都可以利用其所得到的信息进行决策，避免了计划经济难以克服的信息难题。但要分散决策，企业必须要有充分的独立性，否则分散决策无从谈起。独立的企业制度主要包括三层含义：一是企业拥有明确和独立的产权并受到法律的有效保护；二是企业有充分的决策权，能够根据市场信息的变化自主决策；三是企业对自己的决策和行为负民事责任。

企业拥有自主权和对决策的后果负责是一个问题的两个方面。如果企业的决策常常受到外来干预，它就不可能也不应对其决策的后果负责，反过来，如果企业不能对自己的行为后果真正负责，拥有决策自主权就是危险的。许多事例可以证明，市场机制不仅是一种资源配置手段，更是一种激励和约束机制。确保决策者对其决策后果负责，对决策者既是约束，也是激励。

近几年，我国的独立企业制度得到快速发展，大多数国有企业、国有银行进入市场成为市场主体，国有资产监督管理委员会的建立从形式上解决了国有产权主体资格和分散行使的问题。但与建立完善的市场经济体系要求相比，我们还有相当大的差距。一是企业决策自主权有待进一步落实，企业决策受外部影响较多，非公有制经济受到制约和干预就更多；二是保护产权的法律环境需更加完善，尊重产权的社会意识和氛围不足；三是如何形成有效地使企业对其决策后果负责的机制是一个难题，破产制度本来是最为有力的市场约束制度，但在国有经济领域的实施却大大走样。

二、规范的政府职能

（一）政府的职能通过法律得到明确和恰当的界定

在规范的市场经济当中，政府的作用主要不在于替代市场的作用，而在于增进市场的作用，也就是主要通过制定和执行规则来维护市场秩序，保持公平竞争，为市场机制正常发挥作用创造条件。凡是通过市场机制能够很好解决的问题，政府就不必插手，而通过市场机制不能解决的问题，政府则必须负起责任。在需要由政府发挥作用的地方，如果政府不能有效发挥作用，同样会损害市场机制的正常作用。根据这样的原则，需要政府发挥作用的领域主要是三个方面：一是制定并执行规则，包括产权的界定与保护，监督合同的执行以及公正执法等。二是进行宏观经济的总量调控，进行收入再分配，防止收入差距过大，维持稳定的经济和社会环境。三是提供公共产品。

（二）民主和透明的政府决策程序

政府职能的正确行使不仅要求政府只做该做的事情，而且要求决策正确，尽量减少失误，而正确的决策又依赖于正确的决策程序。随着现代经济的发展，决策所依赖的信息和专业知识越来越复杂，仅靠少数领导人的个人智慧很难保证做出正确的决策。考察规范市场经济条件下的政府决策，一个重要的特点就是重大决策不仅要经过专业人士的充分论证，而且要充分听取社会各界特别是被规制对象的意见。通过法律或法规形式规定的政府决策程序也可以起到监督政府行为、减少随意干预和减少腐败的作用。

（三）政府权力要受到法律的有效约束

由于其他市场主体要比政府具有天然的优势，因而必须通过法律对其干预经济的行为进行有效的约束，否则独立企业制度和自由交易就难以得到保证。法律法规必须对政府干预经济的内容、方式、权限等做出符合市场经济要求和尽可能详尽的规定。如果法律规定了过多的政府不应有的干预经济的权力,或者法律留下的空白太多,或法律条文过粗留下的弹性过大,赋予政府过多的自由裁量权,都会导致政府对经济的过多和随意的干预。政府必须在法律规定的范围内行事,其行为也必须处于立法机关和社会的监督之下。

三、有效的市场竞争

竞争是市场经济有效性的根本保证。市场机制正是通过优胜劣汰的竞争,迫使企业降低成本、提高质量、改善管理、积极创新,从而达到提高效率、优化资源配置的结果。但竞争必须有效,否则也难取得良好的效果。从规范的市场经济体制来看,有效的市场竞争主要包括三个方面的内容:一是竞争必须公平;二是竞争必须相对充分;三是竞争必须有序。

市场竞争的公平性要求法律、法规和政府有关政策平等对待不同的市场主体。在市场准入、生产要素获取、享受法律保护和政策支持等方面,为各类企业创造平等竞争的市场环境。同时在人员流动、职业培训、劳保福利等方面,为劳动者创造平等的竞争机会。公平的竞争环境意味着机会的公平,而只有机会的公平才是实现社会公正和经济效率相统一的有效途径[13]。

保障竞争有效性的另一个条件是消除阻碍企业进入和退出市场的各种行政性和经济性障碍,保证竞争的相对充分。行政性障碍主要是指由于行政权力造成的市场垄断,比如行业垄断和地方保护。而经济性障碍则主要是由于某个或某些企业规模过大、市场集中度过高造成的市场垄断。两种垄断虽然性质不同,但都会损害竞争的有效性,都需要采取措施加以消除。另外,对于有效竞争而言,企业的自由退出与自由进入同样重要。如果竞争失败者由于各种行政的或经济的障碍不能自由退出,也会严重损害竞争的公平性和有效性。

最后,有效竞争必须是有序竞争。有序竞争首先要求有符合市场经济要求的"游戏规则",这种规则既包括正式的法律、法规,也包括非正式的行业规范、国际惯例等。同时,市场主体必须严格遵守这样的规则,为此,必须严格制止欺诈、造假、低价倾销和价格竞争等不正当竞争行为。

从目前我国的市场竞争情况来看,可以说在上述三个方面都存在一定的差距。比如,国有企业与非国有企业之间、内资企业与外资企业之间、大型企业与中小型企业之间、

---

[13] 王俊,汤茂林,黄飞飞. 创意产业的兴起及其理论研究探析 [J]. 地理与地理信息科学,2007,23(5):67-70,81.

本地企业与外地企业之间等的不平等竞争问题还没有完全消除；在企业设立或退出市场方面，还存在各种烦琐的行政审批和不必要的门槛；各种违法违规的不正当竞争行为大量存在，严重影响市场竞争的有序性；而由各种或明或暗的行政干预或政策障碍所导致的行业垄断和地方保护主义，不仅严重影响市场的统一性和有效性，也是产生腐败的重要根源。

四、良好的社会信用

目前，会计信息失真、假冒伪劣商品泛滥、拖欠贷款、逃避债务、金融诈骗、不守职业道德等现象大量存在。能否形成良好的信用氛围，不仅关系到经济能否持续快速增长，也关系到改革的成败。改善信用状况应当主要从以下几个方面努力。

（一）增强各类市场主体自我保护的意识和能力

必须进一步加大宣传和教育的力度，大力弘扬诚实守信的文化传统。同时，要鼓励和促进企业建立有效的信用和风险管理机制，增强风险防御能力。

（二）要尽快建立社会化信用信息服务体系，努力改善信息不对称情况

根据发达国家的经验，建立有效的社会化信用服务体系，应当鼓励、支持和引导民间资金投资设立各类征信机构，并通过市场化的方式提供信用信息服务；政府的作用主要在于通过立法对征信行为进行规范，促进政务信息公开，而不宜直接设立和经营征信机构。政府要率先垂范，做诚信的榜样。

（三）要提高失信行为的成本

法律法规要加大对各种失信行为的处罚力度，包括经济处罚、行政处罚和刑事处罚，要使不守规矩的人不仅无便宜可占，而且要吃大亏。同时，要加大执行力度，真正做到有法必依、违法必究、执法必严。在一些发达国家人们之所以普遍重视个人信用，并不仅仅因为他们有较好的诚信意识和道德水平，更重要的是他们知道不讲信用要吃大亏。信用体系的形成与经济发展的阶段有关，建立诚信需要一个过程。我们可以看到，一些经济发达地区不仅开始重视诚信建设，而且取得了较好的效果。相信只要思想重视，措施得力，持之以恒，必然会收到良好效果。

五、健全的法制基础

（一）法的内容符合基本的或公认的正义，特别是符合市场经济的内在要求

法治环境的健全并不是说法律越多越好，更为重要的是法律是好法而不是恶法。如

果法律不是对产权和公平竞争进行有效保护，而是过多地限制经济主体的自由，那么这样的法律越多，对市场经济的危害反而越大。许多国家法治环境不健全，不能为市场机制有效发挥作用创造良好的条件，并不是因为它们没有制定足够多的法律，而是因为其法律不符合市场经济客观规律的要求，甚至是与市场经济的要求背道而驰的。

（二）法是至高无上的，法律面前人人平等

在"法治"国家中，所有的公民个人、公民团体和政府机构，都必须遵守法律，都不能凌驾于法律之上。任何个人或机构，不论其地位和社会背景如何，其违法行为都必须依法受到制裁。

（三）法律必须得到公正执行

这不仅需要有健全的司法体系，而且需要全社会有良好的法治观念和守法意识。相比而言，这一点是最难的，因为法律的制定毕竟有国外成熟的法律可供借鉴，而好的司法环境却只能通过自己的努力才能实现，好的法律意识和守法观念更需要经过长期的宣传、教育、培养才能建立起来。

以上是当前世界上运行规范且比较有效的市场经济体制所具有的一些共同特征。从它们的变化历史来看，市场经济体制的形成不仅是一个不断完善和演进的过程，而且在不同国家和不同的经济发展阶段也表现出明显的特殊性。我们建立完善的社会主义市场经济体系，不仅需要研究和借鉴规范的市场经济体制所具有的共性的东西，更需要根据我国的实践进行不断努力和探索。

第二节　"市场决定性"与中国现代管理理论

市场在资源配置中起决定性作用是市场经济发展的必然趋势。"市场决定性"作为中国现代管理理论的运行平台与基本规则，是中国现实国情、实现现代化建设的客观要求及中国现代管理理论的内在逻辑共同作用的结果。"市场决定性"为中国现代管理理论新学科的创建与发展提供历史背景、基本环境与运行平台，使得中国现代管理理论的实现形式呈现出与"市场决定性"相一致的客观性、适合性、规范性与科学性。

我国自改革开放以来，市场取向的改革日趋扩展且深化。市场经济作为中国现代管理理论的运行平台与内在约束，其确立、发展与完善的过程推动着中国现代管理理论发展的适合化、系统化与科学化，探讨、研究"市场决定性"与中国现代管理理论的联系与关系，对于加深中国特色现代化建设与中国现代管理理论的认识十分必要。

一、"市场决定性"的内涵、发展与特点

市场经济是按价值规律客观有效地配置全社会资源的一种经济形式，它在现代经济生活之中发挥着愈来愈重要的基础性作用。

（一）"市场决定性"的内涵

中国特色市场经济首要解决的核心问题，就是正确认识与把握市场与计划（政府）的关系，就是使市场在国家宏观调控下对资源配置起基础性（决定性）作用，使经济活动遵循价值规律的要求，适应供求关系变化的途径和方式。所谓"市场决定性"，即是指社会资源配置的客观性、适合性与绩效性取决于市场的行为与活动，政府一般不要越过市场直接进行资源配置，其职能在于改善公共服务、保障公平竞争、维护宏观经济稳定；加强市场监管、协调市场秩序、弥补市场失灵；优化再分配政策、促进共同富裕、实现可持续发展。"市场决定性"的新认识突破了传统理论认为现时社会主义国家的市场必须在计划（政府）的作用下配置资源的局限，从理论上设计了中国特色社会主义的政府（计划）与市场的崭新关系，是中国特色社会主义和中国特色市场经济理论的重大创新。

（二）市场经济在中国的发展

新中国成立前后，我国的商品经济有了一定程度的发展。由于我们曾片面地认为"社会主义不存在商品经济"，把市场经济等同于资本主义，从排斥与消灭商品经济到党的十四大明确决定建立社会主义市场经济体制，实现认识与实践上的飞跃，这期间经历了长期、艰难的探索与不断改进过程，且已付出沉重的代价。

1.排斥与消灭商品经济阶段。20世纪50年代初期，我国学习苏联经验建立了高度集中的计划经济体制，这是人所共知的我国原有的经济体制，这种经济体制片面地把市场经济与资本主义画等号，将市场经济视为社会主义的"异己"，曾排斥、打击、消灭一切市场经济行为与活动。这种经济体制在奠定新中国物质技术基础方面曾发挥了积极的作用，但伴随社会生产力的不断发展、经济规模的不断扩大、经济结构与经济关系的复杂和多元，再加上人民物质生活需求水平的大幅提高，这种排斥与消灭商品经济的传统计划经济体制已愈加不符合我国建设现代化的要求，并且严重滞缓了社会生产力的发展。

2.承认与允许商品（市场）经济阶段。（1）承认与允许商品经济的存在与发展。此前，在传统理论的指导下，虽然曾呼吁"三个主体、三个补充"，即在工商业经营方面，国有经济和集体经济是工商业的主体，一定数量的个体经济是补充，在生产计划方面，计

划生产是工农业的主体，按照市场变化而在国家计划范围内进行自由生产是补充，在流通领域，国家市场是社会主义的统一市场，一定范围内国家领导的自由市场是补充，但总的情况是有主体无补充或难补充[14]。（2）以市场经济为改革导向。要快速大幅度地提高社会生产力，也就必然要求正确地改变与生产力发展不相适应的生产关系及其上层建筑，改变一切不相适应的管理方式、资源配置方式和思想方式，从而开始逐步引进市场机制，对传统的高度集中的计划经济体制实施改革，打通了市场导向的改革之路，市场经济从躲躲藏藏的后台走向前台，在新时期赢得了我国经济的迅速发展和整个社会面貌的巨大变化。（3）市场经济起基础性作用。20世纪90年代，伴随商品经济的不断发展、人民物质生活水平的极大提高，当时改革和发展面临的是如何进一步客观、合理、有效地配置资源的难题。1992年10月党的十四大顺应历史潮流，宣告我国经济体制改革的目标模式是建立社会主义市场经济体制，以及其后提出的市场机制在资源配置过程中起基础性作用，标志着中国特色市场经济道路在我国正式确立。

3. 市场经济起决定性作用阶段。党的十四大确立市场经济道路以来，通过实践，人们不断对计划与市场关系的认识寻求更适合的科学定位，摸索出经济体制的改革重点就是如何处理好计划与市场的关系。我们对市场经济的认识和驾驭能力逐步提高，不仅注重市场经济规律及其决定性作用，且同时更强调政府要进一步发挥作用，实现客观、适合、精准、科学、有效的宏观调控，中国特色市场经济的发展迈出了新的步伐。

（三）"市场决定性"的现实特殊性

由于受历史原因、国情基础与基本制度的制约，市场经济体制在我国的发展从初始阶段就具有与西方成熟市场经济不同的特点，"市场决定性"在中国同样表现出与其社会环境密切相关的特点。

其一，我国的市场经济并不是从封建生产关系中自然产生的，而是由当年从苏联学来的传统计划经济改革发展而来，"计划"的烙印与痕迹难以立即去除；其二，不是历史自然发展的结果，而是由上层建筑的政权力量强制形成和发展而来，政府的作用与意义不容忽视；其三，不是通过自然经济的历史进程逐步形成，而是市场导向的渐进式重塑经济基础的结果，上层建筑的调整与适应是一个长期的过程；其四，不是以生产资料的私有制为基础，而是以生产资料的中国式公有制为主导，多种经济形式并存，合作共赢、相向而行甚为重要；其五，不是以规范的现代企业为市场运行主体，而是多种利益主体都还不够成熟，建立现代企业制度和实施国民待遇原则是进一步的重要任务；其六，不是政府严格的监管与调控，而是需要切实实现党政分开、政企分开，明确并完善国家

---

[14] 褚劲风. 上海创意产业空间集聚的影响因素分析[J]. 中国人口·资源与环境，2009，29(1):170-174.

的角色与定位；其七，不是以生产社会化为市场的基础，而是生产社会化要在市场经济发展的基础上尽快实现，实现"五个现代化"（农业、工业、科技、国防与治理）是历史任务；其八，不是上层建筑在治理结构方面的多元化，而是马克思主义为指导思想的中国共产党领导的多党合作，推进治理现代化及其协商民主属当务之急。

二、"市场决定性"与中国现代管理理论

当今社会，市场经济是现代管理的运行平台，其基本规律、运行机制、要求、原则与精神等不能不直接或间接关乎现代管理的模式、目的、原则、方式与过程诸方面。"市场决定性"与中国现代管理理论密切相关。如果说，研究"市场决定性"实践与理论的任务属于中国现代经济理论的范畴，那么，研究以"市场决定性"为运行平台的管理实践与理论的任务则是中国现代管理理论的任务。"市场决定性"作为中国现代管理理论的运行平台，为其提供了客观环境与原动力，包括对中国现代管理理论基本内容与重要原则的影响。中国现代管理理论的发展、丰富、创新与充实、完善，随着市场机制在中国现代化建设过程中资源配置的决定作用的逐步显现与提升将获得日趋广泛与坚实的实践基础。

（一）"市场决定性"是中国现代管理理论的客观环境

20世纪50年代初期，我国在学习苏联经验的基础上建立起高度集中的计划经济体制，也被称为传统计划经济体制。这种指令性的经济管理方式为我国经济发展奠定了一定的物质技术基础，实现了经济的恢复与发展，从而引起经济结构的调整以及国际关系的转变，中国现代管理理论在这样的时代背景下得到补充与完善。随着生产力的发展以及人民日益增长的物质文化的需求，致使传统计划经济体制与我国经济发展不相适应，甚至于束缚并阻碍了社会生产力的不断提高，而且这种状况曾一度持续至20世纪70年代末期。

随着党和人民科学深入地认识计划与市场的关系，认为计划和市场都是经济制度范畴，市场经济经历了"计划经济为主，市场调节为辅""市场经济起基础性作用""市场经济起决定性作用"的伟大转变。我国的经济管理方式也由直接的行政手段逐步过渡到间接的经济手段，这些政治经济体制状况都为中国现代管理理论的发展提供了客观环境。

同时，我国的市场经济模式不否定计划手段，但计划只是国家宏观调控的重要手段。要激活和约束各个市场经济活动的利益主体，实现优胜劣汰，依然要求市场在资源配置中起决定作用，充分发挥市场配置资源的基本功能。中国现代管理理论是从我国社会主义基本制度和市场经济体制的有机结合中升华出来的。它具有完善市场经济的时代特

征，更体现出了社会主义制度的优越性。

（二）"市场决定性"为中国现代管理理论提供原动力

从理论上看，市场经济的本质就是价值规律调节的经济。所谓价值规律，就是价值决定及其实现的规律。商品的价值量决定于生产该商品的社会必要劳动时间，商品交换必须以价值量为基础，并实现等价交换。价值规律既有其微观的规定性，又有其宏观的指导性。而价值规律的宏观指导性，即社会总劳动依据社会需求按比例分配于社会生产各部门，由市场自发决定社会资源的去向，这在一定程度上促进了社会的活力。

"市场决定性"的本质特征就是利益主体的多元化与独立性，在市场经济条件下，市场主体的任何经济活动都是为了追求经济利益，经济利益既是市场主体从事生产经营活动的本源动机，也是社会进步与文明的初始动因。"市场决定性"赋予利益主体更广泛的活动领域、更公平的市场地位以及更有效的管理平台，这些因素将激发市场主体在经济管理活动中更积极踊跃地追求市场利益，使市场充满竞争与活力。也正是对利益追求的内在驱动力外化为市场主体之间的充分竞争成为中国现代管理理论发展的内在力量，使得"市场决定性"成为中国现代管理理论的原动力。

（三）"市场决定性"是中国现代管理理论的运行平台

党的十八届三中全会通过了"市场决定性"的决议，使得市场化改革在我国今后改革开放的进程中将进一步扩大与深化。在从"计划决定"到"市场决定"的历史进程中，计划经济与市场经济先后为我国宏观经济管理提供运行平台。就传统计划管理来看，政府主张把社会中的供给与需求提前置入管理预期中，对资源配置进行预测、设计与控制，并通过指令性的计划去实现政府在管理活动中的主体地位。而对于市场经济而言，则是对传统计划管理的修正、纠偏与改革，市场经济条件下的宏观经济管理主张将市场作为各种交换关系的发生场所及综合体现，在市场规律如价值规律、按比例规律、物质利益规律的自由、无形支配下，通过利益及其信号引导、激励、撬动整个社会的生产、分配、流通、消费等经济活动，优胜劣汰、竞争为王。从"计划决定"到"市场决定"是一场伟大的改革，也是一个艰难的过程。其中，从"市场导向"到"市场基础"再到"市场决定"，亦即从市场对于改革的引领作用到最终实现"市场说了算"，更是大跨度的改革，其艰难与艰巨的历程刚刚开始。

上层建筑决定于经济基础，没有无经济运行与平台的管理，也没有无管理的经济运行与平台。市场经济是现代管理的运行平台，其基本规律、机制、要求、原则及其精神都直接或间接关乎、影响或决定着现代管理的模式、方式、目的与原则。"市场决定性"进一步深化和提升了市场在社会管理活动中的地位和作用，增强并优化了中国现代管理理论的运行平台，使得中国现代管理理论的丰富与发展具备更加成熟、完善的运行环境。

三、"市场决定性"与中国现代管理理论的实现形式

无疑，中国特色市场经济的迅速发展与经济繁荣与改革开放的红利及市场经济体制的确立与运行密不可分；与中国现代管理理论在中国特色市场经济运行中的实践与运用也密不可分[15]。

（一）市场经济是人类文明发展的基本形式

人类文明的发展经历了一个有方式、有阶段、有特点的循序渐进的过程。在不同的时段、不同的地域，人类文明呈现出巨大的差异性。然而，在自然经济往商品经济过渡的阶段，却呈现出人类意志也无法抗拒的共同性。众所周知，商品经济发展的较高级阶段是市场经济，市场经济不仅仅在不同的民族、不同的地域、不同的条件下呈现市场经济的普遍特性，并且逾越了社会制度的差异，将人类文明的发展带入到一个全新阶段。世界上所有的国家与民族，既不能也不该以自己的"特殊"情况去拒绝人类文明发展的主体形态，不仅仅由于它是生产力的发展，即生产分工与社会协作，亦即生产方式社会化的必然结果；同时还是生产关系的进步，即人们平等且等价地彼此交换互相的劳动成果进而实现社会需求丰富多样化的必然产物。人类文明，事实上就是人类社会发展的必然结果。而所谓的必然，即是不会以人类意志为转移的客观性。站在这样的层面去认识问题，就会很大程度上提高我国改革开放中的自觉性，进而站在规律性的角度来阐释理论，规范行为，避免某些"风吹草动"的出现，使得我们在走市场经济道路时踟蹰不前。

这就是说，既然市场经济是人类文明发展的基本形式，那么，它也就是不以人们的主观意志为转移的客观规律，既不是个人意志的结果，也不是政党意志的结果。人们的主观能动性在于能够正确地认识和把握客观规律，从而自觉地把中国的经济发展引向市场经济这一人类文明的逻辑轨道。

（二）中国现代管理理论是市场经济发展的智慧与理论结晶

以往的理论总是把计划与市场对立起来，人为地割裂二者之间的内在联系，给现代化建设带来了许多本身可以避免的严重损失。倘若我们能够及早从"生产条件所有制"方面充分认识社会主义按劳分配条件下存在商品生产与商品交换的客观必然性，确认生产资料公有制的多种实现形式同市场经济并不矛盾，那么，计划同市场之间的有机联系也就会在实践中得到较好的解决。经济理论方面是这样，现代管理及其理论方面也是这

---

[15] 马仁锋，沈玉芳，姜炎鹏.大都市产业升级、创意产业区生长与创意城市构建[J].国际城市规划，2012，27(6):43-48，77.

样。目前，经济理论界一般还把社会主义经济的计划性传统地看作是生产资料公有制的客观要求，而把社会主义经济的商品性认定是多种经营形式并存的必然产物，因而并没有从本质上阐明计划与市场的内在逻辑关系。其实，计划是商品经济发展到一定阶段的客观要求，是商品生产与商品交换的规律——价值规律在生产资料公有制基础上的宏观实现形式。生产资料公有制为市场经济的计划性提供了实际上的客观可能性和现实性。众所周知，价值规律具有双重含义：从微观上看，商品的价值量决定于生产该商品所需的社会必要劳动时间，这是价值规律的微观决定性；从宏观上看，社会总劳动在经济各部门间的分配决定于社会的各种实际需要及比例。也就是说，按比例分配社会总劳动是价值规律的宏观规定性。就后者来说，于生产资料公有的条件下，其实现的机制和形式则是计划性。再进一步看，无论价值规律的微观规定性还是宏观规定性，实质都是节约劳动，从而节约时间。劳动时间的节约在社会主义条件下仍然起着双重的作用：一方面，"劳动时间的社会的有计划的分配，调节着各种劳动职能同各种需要的适当的比例。另一方面，劳动时间又是计量生产者个人在共同劳动中所占份额的尺度，因而也是计量生产者在共同产品的个人消费部分中所占份额的尺度"。此种情况的社会经济条件是："自由人联合体""用公共的生产资料进行劳动""自觉地把他们许多个人劳动力当作一个社会劳动力来使用"，可见，生产条件的不同社会结合方式改变的只是劳动时间节约规律（在商品生产条件下表现为价值规律）双重调节作用的社会形式，而不是这种双重调节作用本身。因此，通常所说的社会主义的"计划规律"，不过是价值规律在生产资料公有制基础上的"派生规律"，体现的是价值规律的宏观要求，即节约社会劳动，实现国民经济各部门的协调发展。市场则是商品经济存在和发展的重要条件，是社会化商品经济的载体。正因为如此，计划与市场的相互关系并不仅仅只是两个事物单纯的外部联系，而是相同的一个经济规律——价值规律于社会主义条件下的双重要求与实现形式，这两者之间有着内在的本质关联，计划不单单并且完全能够通过市场来发挥作用，市场同样完全能够被计划指导进而成为实现计划的主要手段与形式。计划与市场不但不是相对立的两个方面，而同为构成社会主义经济内在关联的两个重要方面，同为经济手段，计划与市场之间既不是"板块"之间的相互结合，也不是彼此之间的相互"渗透"，而是有机整体，共同构成了社会主义前提下的市场经济。由此可以得出结论，在社会主义条件下，社会完全遵循价值规律的要求从而自觉组织社会经济活动是具有极大的可能性的，充分发挥计划与市场的宏微观这两个层面的作用，进而在理论上畅通社会主义经济模式设计和体制改革的道路，在实践中真正做到宏观有控与微观调控，把握并实现从计划经济向市场经济的转轨。这样认识问题，既畅通了中国特色市场经济基础上计划与市场关系的理论通道，又概括和总结了改革开放过程中对于计划与市场关系的认识，并将其升华到了价值规律双重实现形式的理论与逻辑高度，特别是将这些聪明智慧与理论结晶传导给了中国现代管理理论新学科，其逻辑架构与理论内容不仅直接体现着市场经济平台运行的规则与要求，而且归纳和吸收了诸如计划与市场相互关系之类的理论结晶，如计划与控制、配置与协调、资源管理、风险防范等，成为中国特色市场经济的实践新延伸与理论再体现。

（三）中国现代管理理论的基本原则体现"市场决定性"

严格说来，中国现代管理理论的目的、模式、原则、方式以及过程直接或间接体现着市场经济的原则与精神。这样认识问题，从中国特色市场经济是中国现代管理理论的平台及其服务于市场经济的发展而言，是符合客观实际的。

从"市场决定性"的公开原则考察。在市场决定条件下，公开原则处于核心与基础地位，只有在各种资源配置与信息公开的情况下，才能实现市场的自由、平等、竞争、利益、效率原则。明确"市场决定性"的地位，市场就如同一只"看不见的手"，于社会经济发展和各类管理活动中发挥作用，背弃市场经济原则与方法的各类做法会因为与"市场决定性"的内在要求相违背而遭受惩罚甚至淘汰的命运，从而为中国现代化管理的实现提供正常、健康、良好的运行环境。

现代管理及其理论在中国传统的计划经济向市场经济的转换、改革开放更进一步扩大与深化的过程中，体现出重大践行意义。一方面，中国现代化建设和改革开放的过程中所积累的深层次问题和矛盾逐步显现；另一方面，强国富民任重而道远，势必将出现各类新问题、新矛盾和其他不确定性因素；同时，现代管理及其理论、制度、体制同机制还没有完善。"市场决定性"将强化、硬化现代管理、推进社会公平、正义与和谐，有利于中国现代管理理论的进一步完善。显然，公开原则自然要成为中国现代管理理论的基本原则。

从"市场决定性"的公正原则考察。公正即公平正义，即市场决定性的内在要求。经济发展的质量与水平直接决定了社会的物质财富，而且从根本上制约着全社会的公平与正义。市场决定资源配置是市场经济的普遍规律，这种资源配置的公正性是有条件的。完善市场结构与体系，建设统一且开放、竞争并有序的市场体系，注重并尊重市场公正原则，是使得市场于资源配置中发挥决定性作用的基础。建立开放、透明、公平、规范的市场秩序，完善基本由市场来决定价格的经济机制，加速建立企业自主地经营、相互公平竞争，消费者自由地选择、自主且理性地消费，商品与要素能够自由流动、平等进行交换的现代市场经济体系，才能真正发挥市场于资源配置中的决定作用。中国现代管理理论应建立在公正的原则上，放眼全局与根本，兼顾效率与集约，切实服务于合理配置社会资源，使之发挥最大效用，实现资源的有效管理。

从"市场决定性"的诚信原则考察。诚信是市场经济的黄金法则，即在市场经济条件下，作为市场基本活动单位的各利益主体在经济活动的契约精神，相互在机会与地位上具有平等性，言必信，行必果。当然，诚信原则应坚持按劳动与贡献的比例性分配利益与权利，即各市场主体按照对社会所做出的有意义的贡献决定其享有利益与权利的多少、大小。由此可见，诚信原则在现代管理中具有怎样的意义、地位与作用，没有诚信的管理将是一种什么样的状态？随着社会的发展与进步，人们越来越强调个体的自由发展，只有在平等、自由基础上建立起来的讲究诚信的管理制度才能适用于市场经济的现实情况。市场决定性的诚信原则为市场活动的各个利益主体提供了以契约精神为纽带的自由发展的平台与环境，能够有效激发市场主体的积极性、主动性、创造性；各市场利益主体自愿、主动、积极进行市场的生产与交换活动恰恰是现代管理的最高境界。

从"市场决定性"的有序原则考察。市场经济既是秩序经济，也是规范经济，绝非什么"自由经济"。既然市场决定性既是价值规律于资源配置中起决定性作用，那么，价值规律的微观规定性与宏观规定性本身就是对于市场经济运行的规范与约束。这种规范与约束就是市场经济的秩序，其宏观规定性要求社会总劳动依据社会需求按比例分配于社会生产各部门，从而在价值规律的内在引导下，社会分工自然日益具体化、专业化和集约化，与之相适应的现代管理在具体实施的过程中遵循生产力的发展规律与社会分工的趋向，制定有序、有效的管理战略与流程，使整个社会的管理呈现出应有的规则及合规律的状态；价值规律的微观规定性亦然。至于西方资本主义经济时常遭受经济危机的干扰与损害，问题不是出在生产力的发展上，也不是出在价值规律的双重规定性上，而是出在生产关系方面，即生产资料私有制及其垄断、国家垄断、国家同盟垄断。

中国特色市场经济确立以前，传统计划经济的实践证明，指令性的计划管理方式相对于中国的实际情况是不适合、不科学的。自我国改革开放至今，由于放开市场、公平竞争，现代管理在中国出现了前所未有的发展与进步。市场经济上升为我国资源配置的决定性主体及中国现代管理理论的运行平台，中国现代管理理论将更加体现其基本精神，即自由、平等、竞争、利益、效率，重要原则，即公开、公正、诚信、有序。中国现代管理理论必将借助中国特色市场经济这一运行平台，着力于民生与发展，服务于现代化建设。"市场决定性"的实践将为中国现代管理理论注入新动力，使其更具客观性、合理性、科学性。

四、中国现代管理理论规避与弥补市场经济的局限与缺陷

虽然市场经济的发展已经有了几百年的历史,并且已经成为世界经济发展的主流和主体,然而,市场并不是万能的,市场经济也不是十全十美的,而是存在若干自身无法克服的局限与缺陷。表现在:

(一)市场调节是事后调节

私有制条件下初始的市场经济,各经济单元细小、分散、资源不均衡、信息不对称,因而"看不见的手"虽有显而易见的自我调节作用,但缺少必要的预先性和预后性,往往"事前看不见""事后不见手"。供大于求了,市场因价格下降导致生产者利益受损才被迫减少生产,造成资源浪费;供不应求了,价格上涨损害消费者利益,匆忙扩大生产又可能引致新的供求不均衡;一旦价值规律的作用已经控制不了"局面",经济危机就发生了;危机阶段,"看不见的手"同样难以迅速、有效"收拾残局","自我修复"式的"萧条"与"复苏"给民生与发展带来颇多问题。市场经济几百年周期波动的历史与近期美国经济的现实,已经充分揭示了这一规律性。"混合经济条件下,情况大致相似,因为市场经济利益主体多元性的状况没有本质上的改变。随着分工的深化与交换的扩张,市场经济的发展内生并趋向计划性,公有制的实现将为这种计划性提供现实可能。"

(二)市场运行是受局部及独立利益驱动的

其具有自发性和一定的盲目性,加之市场信息及其传递的不对称性,容易导致结构失调或过程混乱,进而引起经济动荡。

(三)市场经济的无序竞争扩大差别,同时也会导致垄断

过大的利益差距及两极分化必然危及经济发展的稳定性与持续性,垄断又使市场效率下降并损害非垄断单元和消费者的利益,而市场本身又不具备消除这些弊端的功能。

(四)市场自我调节具有短期性、波动性的特征

市场经济运行的内在逻辑又使其运行难以平稳,具有明显的周期性。

(五)市场经济的发展往往忽视公共事业与公众利益

很多事情是市场管不了或者管不好的。譬如,经济和社会发展战略目标的选择、经济总量的平衡、重大结构和布局的调整、收入分配公平与效率的兼顾、市场效率条件的保证以及资源和环境的保护等。市场以及市场经济的缺陷与不足要求从宏观上加强把控和监管,以校正市场的偏失和弥补市场的不足,引导市场以及市场经济健康发展。

显然,对于市场经济发展的把控与监管是地地道道的现代管理问题。市场经济的局

限与缺陷，一方面与市场经济发展的过程与成熟程度相关；另一方面，也和与之相联系的社会制度与管理科学与否相关。这就告诉我们，现代管理及其理论不但是必要的，而且是重要的。一方面，现代管理及其理论可以规避或弥补市场经济的局限与缺陷；另一方面，客观、适合、科学的中国现代管理理论对于市场经济的健康、平稳、协调、持续发展有着不可替代的指导、预警、纠偏、校正作用。"市场决定性"规定了中国现代管理理论的一系列实质性内容与基本原则，中国现代管理理论是服务于"市场决定性"的具有中国气派、中国风格、中国特色的现代管理理论，是"市场决定性"在现代管理领域的体现、实现与应用。

第三节 标准化与现代市场经济理论

党的十九大，做出了我国社会主要矛盾转化、经济转向高质量发展阶段等重大政治判断，对新时代新征程全面建成小康社会和社会主义现代化强国进行了战略部署，按照贯彻新发展理念、建设现代化经济体系高质量发展规律提出了坚持质量第一、效益优先，推动经济发展质量变革、效率变革、动力变革，"瞄准国际标准提高水平"明确要求，而后进一步明确提出必须加快形成推动高质量发展的标准体系，深刻揭示了标准与高质量发展市场经济的必然联系和内在逻辑，突出强调了标准化在高质量发展市场经济中的基础性、战略性、引领性地位作用和方向路径。在全面贯彻落实党和国家机构改革重大举措的关键时刻，对标准化在市场监管中责任使命进行理论研究，有利于认清标准化在新形势任务下的坐标方位，有利于标准化在统一的市场监管中激发更大的潜力和动能，有利于标准化在更顺畅的机制、更广阔的舞台发挥无可替代的优势和作用。

一、标准化在现代市场经济中的地位

（一）标准化是市场公平交易的准则

标准是市场运作的"准则"，是交易各方在交易行为中必须遵循的原则，这一原则是中立于各方存在，而又为各方利益服务的，因此能够平衡与标准有关的各方面利益，体现出标准的"公平、公正"的特点。同时，由于消费者在市场中属于较为弱势的群体，因此在制定标准时应当注意维护消费者的正当权益。

（二）标准化是市场竞争中突破技术壁垒的有力武器

在国际市场上，标准的利用主要体现在两个方面，一是产品必须符合相应的标准，方可进入市场流通中,这在很大程度上促使了技术的进步和产品质量的提高;二是一些国家为限制对手的正当竞争,而用标准来为对手设置技术贸易壁垒。自从我国加入世贸组织以来,这样的技术壁垒使得我国企业苦不堪言,说到底,国际市场的竞争在很大程度上表现为标准的竞争,只有提高标准化水平,使之不断与国际市场接轨,才能使我国产品不被他国设置的技术贸易壁垒所限制,真正走出国门。

(三)标准化是市场经济中提升经济效益的重要手段

市场经济作用应当是促进经济效益提高的,而在市场经济中各方主体在整体实力以及其他方面的差异较大,唯有一个统一的标准才能在实现经济利益提高的同时不损害其他主体的利益,因此,标准化是市场经济提升经济效益的重要手段之一[16]。

二、标准化在现代市场经济中的作用

(一)帮助企业适应市场经济

标准化是企业进入市场并参与市场竞争的技术基础和手段。国际标准、国家标准、地方标准、行业标准、团体标准等都是基于当前市场需求情况和产品本身性能表现所制定出的通用性标准。其规定的产品技术参数和性能指标必定是满足既定范围内供需双方利益的。因而,为适应市场竞争,企业至少应生产符合相应标准的产品。然而,如果企业产品要出口海外,则应符合出口国规定的标准或相应的国际标准。这也就是经常提到的消除国际贸易中的技术壁垒。很多企业为提升竞争力,还制定了技术参数和产品性能高于当前标准的企业标准。

(二)为市场竞争提供健康环境

现代市场经济为企业提供了良好的市场环境,与此同时,现代市场经济的发展也需要公平的竞争,标准化为产品设立了市场准入门槛,使得假冒伪劣、不合格产品避免流入市场,损害消费者权益以及其他企业的正当利益。市场经济也充分鼓励企业制定严于国家标准或行业标准的企业标准,这样就无形中增加了产品的附加价值,提高了企业产品的市场竞争力。

(三)促进企业管理体系化

建立企业管理标准体系,就是建立以管理标准、技术标准、工作标准为框架,其他标准为辅助的体系,采用标准化的理论和方法规范企业的各项工作,使企业的管理更加有序、科学。

---

[16] 钟韵,刘微. 现代服务业集聚区经济特性及其启示 [J]. 热带地理,2012,32(5):515-520,574.

三、促进标准化作用得以发挥的策略

（一）完善市场机制构建，促进现代市场体系有效运行

首先要全面发挥消费与投资机制的市场引导作用。在市场经济条件下，消费机制通过市场而实现，并且成为市场发展的内在的动力机制；但供给机制并不简单受制于消费，供给可以创造消费、创造消费者，这同样是马克思主义经济学基本原理。所以，供给侧结构性改革，就是要发挥供给侧的创新驱动力量，使之激发需求即消费的活力；而投融资体制机制的改革创新，对于供给结构优化是盘活存量、创新增量的重要动力源。其次，要更好地发挥价格机制的作用。一是要加快科技创新与知识产权的市场价格形成机制与作用机制，从创新引领的发展理念出发，加大鼓励科技创新的利益杠杆的作用，促进科技创新成果的培育和市场化。二是要加强人才要素的劳动力市场价格机制的作用，增强收入分配机制对人才引进和人才成长的激励作用，对企业家的合法收入予以保护。三是资本与资产价格机制的市场化，用好金融市场价格对资金使用方向与效益的引导作用，用好资本市场和实体经济资产价格对企业并购和资产重组的引导作用。

（二）形成全面开放格局，构建高水平的现代市场体系

一是学习借鉴参与国际竞争和合作的规则、技能，提升我国企业在国际贸易、投资和经济技术合作各领域的参与度，并且在此基础上提升话语权，为构建国际经济新秩序做出中国的贡献；二是通过更广泛的国际交流，结合我国国情，借鉴先进国家市场经济体系运行的经验与教训，博采众长，深化我国市场取向的改革，实现市场对资源配置的真正决定性作用和掌握更好发挥政府作用的"度"，构建更完善的中国特色社会主义市场经济体系。按照新发展理念，协调发展的实现，需要各地间的优势互补，这就需要区域市场联结为统一开放的市场，让各地的优势资源获得更广阔的发挥效用的市场空间。

第四节 现代市场经济的成本控制新理念

对企业的发展来说，做好成本控制工作可以更好地提升企业的利润获取能力，让企业的利润获取目标得到有效落实。企业本身要对现代市场竞争环境进行正确认知，客观地迎接外界挑战，抓住机遇，改进理念，从而保障自身的成本控制水平，提升经济效益的获取能力。

一、宏观角度上构建科学的成本发展战略

对企业来说，成本管理工作的开展需要从一个宏观的角度上进行管理，同时企业管理者应该从战略发展层面上，给予成本控制工作足够的重视，认识到当前成本控制工作的提升改进空间，这样才能更好地推进整体成本控制工作的开展，这也是成本控制理念的一部分内容。企业管理者要提升自身的成本控制观念水平，并且认识到企业内部各个业务流程当中，成本控制工作应该得到全方位的贯彻和落实，在企业内部形成一个良性的成本管控氛围，让每一个管理者和员工都意识到成本控制工作的重要意义。从企业业务规模、业务活动等多角度，对成本思想进行融合，让企业在发展长期规划当中，对成本控制方面给予足够的落实保障。企业也要结合自身的工作情况，在日常业务活动开展中不断地进行积累，并提升对市场的关注度。可以结合自身的经营发展情况，对企业所面临的成本管控工作挑战进行应对，并且合理地展开成本预测和控制，优化成本结构。在当前市场经济体系下，在效益的追求和保障下也要对传统的意识观念进行改进，并且不仅仅拘泥于节省、节约的传统思想，要融入更多的现代化成本效益观念，采取宏观成本控制策略进行把控。

二、重视技术研究

在当前企业发展的过程中，技术研发已经成为企业自身工作的一个重点。科技驱动型策略已经成为很多企业所选择的新的发展策略，并且技术研发方面的投入也受到了更多的重视和关注。在当前现代化市场经济体系下，企业要对自身的技术方面的创新给予足够的重视和支持，在展开成本管理工作的过程中，要更多地将注意力关注在企业生产技术的改进、先进工艺材料的引入、科学化管理等方面，而不是单一地追求降低日常的生产运营支出。只有重视技术研究，这样才能构建一个更加系统化、科学化的企业内部承包管控体系。在企业发展中，做好技术研究，也有助于企业提升自身的综合竞争能力，并且提升对内部资源的配置水平，这可以让企业在激烈的竞争中占据先机。另外，在现代化企业发展管理驱使下，技术密集已经成为企业重要的发展趋势，企业本身也要正视这一发展趋势和需求，对内部的管理思路和成本控制理念进行相应的调整。

三、加强人员管理

成本控制工作开展的过程中，也要引入现代化的人员管理概念。以往在企业的成本控制工作开展过程中，对人员的管理上缺乏足够的人性化意识和特性，管理活动主要依

靠"重奖重罚"来实现对人员的激励和管理。这种管理方式更多地关注了目标的落实，而对执行者的主观能动性没有进行深刻的认知，管理活动的开展很难激发企业员工自身的创造意识和工作积极性，同时也不能满足员工自身的各方面需求。在新的市场经济环境下，企业内部要重视人员管理工作，并且将人力资源作为企业重要的战略发展资源进行对待，引入更加人性化的管理策略和观念，这也是当前成本控制工作理念调整的一个重点。企业在展开人员管理工作的过程中，要构建一个全民成本控制的氛围和环境，通过科学的宣传和教育，让企业内部员工自身对成本管理工作有着一个正确的认知，提升成本管理控制的参与积极性。在人员管理上，激励工作的开展也要关注对员工自身工作积极性的激励。各级管理人员要做好带头指导工作，为广大员工真正解决工作和生活中的问题，将物质奖励和精神奖励并重，满足员工自身物质和精神方面的需求。另外，在人员管理工作过程中，也要重视人才的培养，给予人才一个良好的成长发展的平台。企业内部要结合自身的业务生产和经营管理需求，定期开展相关的岗位培训工作，结合脱产、进修等培训，让企业员工整体素质能力也可以得到进一步提升。企业也要构建一个良好的工作环境，让他们更好地对自身的潜能进行发挥。

总而言之，在现代企业发展的过程中，成本控制理念必须要与时俱进地进行革新。市场经济的发展加强了市场上的竞争，使得企业所需要面对的外部形势越来越严峻，而企业自身因为市场的发展会产生很多问题，成本控制问题正是企业必须重视的问题之一。当前市场经济体系下，企业要认识到企业经营成本的多元化发展，很多无形成本我们也要进行深入的考虑和分析。只有更加科学地应对成本控制工作，提升自身的成本控制理念，这样才能具备一个更加强大的成本控制能力，更好地适应现代市场经济体系的需求。

第五节　现代市场经济对社会信任的内在需求

现代市场经济作为商品经济的发展形态，代表着一种新的社会运行方式。它的最本质的制度特征是经济关系的契约化。市场化的改革就是一个主体间的契约关系逐步普遍化并取得支配性地位的过程。

市场经济作为一种新型的契约文明，它有着对社会信任的内在需求，即作为自己存在和发展的条件和基础市场经济比其他任何经济形式都更加需要信任。因为任何契约的履行无不建立在签约双方互相信任的基础之上，而缺少了信任，再好的契约也会是一张废纸，即使诉诸法律解决，也会损失市场效率，而且从整体上说也会加大整个社会的运行成本。具体说来，市场经济对社会信任的内在需求表现在如下方面。

一、社会信任是市场经济产生与发展的基础

从历史来看,社会信任是市场经济产生与发展的基础。市场经济的历史发展表明,市场本身乃是一种制度化的交易场所,市场经济则是一种交换经济,市场经济中的任何个人都不可能在孤立的个人活动中完成对于自身利益最大化的追求,利润的实现、效用的取得无一不发生于交换过程之中。然而交换活动与市场经济的起源却不是同步进行的。在历史上,人类曾经历过两种交换形式:一种是人格化的交换形式(又称简单的交换形式),另一种是非人格化的交换形式。在人格化的交换形式中,社会分工处于原始状态,交易的买和卖几乎同时发生,每项交易的参与者较少,当事人之间拥有对方较完整的信息,交换建立在个人之间相互了解的基础上,交易费用低。此时,信任对交易行为的规范完全可以依靠"人情"而不必依靠契约和法律。

随着社会分工的发展和专业化程度的提高,交换的日益频繁和市场规模的不断扩大,非人格化的交换形式——现代市场经济应运而生。这种交换形式打破了狭隘的时空限制,使交易的地域变得广泛,交易双方相互不知底细,因而交换的信用再也不能依靠"人情",而必须依靠契约。

契约的根基是信任,因为契约是平等主体之间建立在相互意见一致的合意基础之上的一种牟利性的社会交往方式,其目的是交易各方都获得更大利益,并由此建立起一种权利义务关系。它表达了契约当事人的一种合理期待,这种期待包括两部分:一是对在相互承诺的合意活动中求得价值最大化这一预期结果的期待;二是对对方为保证这种预期结果而承担义务的期待。这两种期待都必须依靠各方的相互信任来实现,即相信对方当事人既有遵守诺言的诚信,又有实现诺言的能力,"与契约的当事人打交道的整个过程中需要一种最低限度的信任。人们有必要相信对方当事人正诚挚地参与一个可能相互获益的交易",这是保证市场经济健康运行的直接起点和核心内容,是市场经济道德的绝对命令和市场经济法律制度的黄金法则,也是每一个市场主体必须恪守的最基本的"游戏规则"和市场经济活动的道德底线。

总之,现代市场经济是一种建立在信任基础上的信用经济(信用是社会信任在经济领域的表述和体现,经济信用与社会信任互为表里。经济信用行为的发生,无不以一定的社会信任为基础,市场行为主体间的相互信任深刻影响着经济领域商业信用契约的履行及其效果)。在某种意义上说,信用水平的高低决定整个经济运行的效率,并最终影响经济发展的水平。

二、社会信任是市场经济良性运行的必备条件

从运行机制来看,社会信任是市场经济良性运行的必备条件。现代市场经济是一种契约经济,交易主体信守契约精神是市场良性运行的基础。也就是说,现代市场交易不是一种特定的人际交易,而是一种非人格化的交易,它要求谈交易不能因人而异,因事而变,而应该是对所有交易对象都一视同仁。所以,与传统经济形态相比,现代市场经济所要求的是非人格化的、实际的生活关系,是只认物不认人的。这样一来,对每个市场主体而言,其他市场行为主体对其信任和认同程度愈发显得困难和重要,成为其生存和发展至为关键的一个条件。人们在市场中彼此相互依赖的根据应该是双方的任何一方都对将来继续这种交换关系感兴趣,不管是与现在这位交换伙伴的关系,也不管是与其他交换伙伴的关系。

现代市场经济既是一种契约经济,也是一种竞争经济。市场经济中的竞争机制是市场经济最基本的运行机制,也是最能有效推进市场经济的运行和发展的动力机制。但过度竞争特别是无序竞争在一定程度上、一定范围内会引起经济和社会秩序的混乱。那么,如何才能实现公平合理的竞争,保证市场经济的良性秩序和健康发展的态势呢?其最根本的出路在于确立法律制度的权威性以及人们对法律系统的信任。因为任何秩序的建立都必须依靠法律制度的建立和落实。而法律制度无非是建立在人们之间的交往关系和互动机制的基础之上,又反过来规范人们之间的交往关系和行为互动机制的规范性框架。法律制度作为一种共同行为框架意味着一种约束与限制,直接规范了社会中每一个行为主体的具体行为,是防范和治理失信行为、构筑和维护良好市场秩序的最后一道屏障,是市场经济运行规则的最高维护者,具有较强的权威性和约束力。因此,健全完善的法律体系实质是一把"尚方宝剑",为现代市场经济起到了保驾护航的作用,是其健康发展的基础和内在要求。

三、社会信任是现代市场经济主体获取效益的源泉

从结果看,社会信任是市场经济主体获取效益的源泉。市场经济的逻辑起点是利益主体的多元化存在,是一个个现实的主体。这些主体总是受着"为我"规律的制约,力图追求利益的最大化,个人、公司、银行机构、交易所、会计事务所、律师事务所等莫不如此。正如古典经济学鼻祖亚当·斯密所说:"我们每天所需的食物和饮料,不是出自屠夫、酿酒家或烙面师的恩惠,而是出自他们自利的打算。"在市场经济下,这种个人的利己欲望动机给经济增长带来活力。然而,市场经济本身又是一个市场整体,各种经济主体在劳动、

交换等市场活动中发现自身以外存在着许多其他主体，并与之息息相关，休戚与共，彼此之间只有进行有效的合作，才能各自实现自己的比较优势，使各种资源得到合理的利用，从而也获得自己应得的利润。而这种合作就是建立在彼此信任的基础上的。

社会信任是现代市场经济主体获取效益源泉的另一个极其重要的原因，就在于社会信任有助于减少交易成本。在市场经济社会，任何一次市场交易都是需要交易成本（即市场制度运行的费用，包括度量、界定和保护产权的费用，发现交易对象的费用，讨价还价的费用，订立合约、执行合约的费用，监督违约行为、并对之进行制裁、维持市场秩序的费用等）才能进行的。加之市场经济条件下的信息不对称，即买者一般不如卖者了解商品的性质、构造、质量和同类产品的价格等，又可能使交易成本增加，因而有可能损害一方的利益，甚至整个社会的利益。此时，交易双方能否相互信任及信任度的高低起着举足轻重的作用。如果一个社会的信用健全、信息沟通坦诚和有效，交易双方能够互相信任，交易过程中的各种费用都会得到大量节省，交易过程就会顺利得多。在交易过程中即使有纠纷产生，也会由于双方的相互信任而通过协商解决。这将大大节省交易成本，减少信息搜集、信号显示、信息甄别、合约签订从而达成合作的信息费用与谈判费用，减少合约实施和行为监督的履约成本和考核成本，提高经济的运行效率，提高整个社会的福利水平。相反，如果社会上失信欺诈现象盛行，每个交易主体之间都缺乏基本的信任，在谈判过程中时刻提防着对方会不会设下什么圈套，在签约时要花费大量的时间去查验所有的文件，以确保文件没有不利于自己的法律漏洞，合约书也会因此而变得冗长，所有可能发生的意外事件都要列上去。而在合约的执行过程中纠纷一旦产生，由于双方的互不信任，必将陷入费时而又耗资巨大的法律诉讼之中。换言之，一个社会信任缺失的社会会导致大量的自利行为出现，交易道德水平下降，从而使得交易活动中利益冲突和决策争端不可避免，摩擦增大，无形中增加了沟通和润滑成本。人们不得不付出大量的时间、精力和金钱来寻找可交易的对象，进而谈判、签约和履行合约，同时还要花费大量的成本进行监督和防范违约行为，以维护交易秩序和交易公正，这将会使每一次交易都要付出高昂的成本，甚至可能高到使交易无利可图以至于不得不取消。在这种情况下，社会经济的运行将是低效率的。

第六节　在深化改革中完善现代市场经济体系

党的十九大报告明确把"加快完善社会主义市场经济体制"作为"贯彻新发展理念，建设现代化经济体系"的重要工作。而加快完善现代市场经济体系，构成了深化经济体制改革和建立现代化经济体系的一个基本内容。我们必须从现代市场经济体系的制度完善、结构完善、运行机制完善等诸方面，把这项重大的改革发展任务扎实推向前进。

一、深化营商环境改革，加快完善现代经济治理体系

现代市场经济体系需要以优越的现代市场营商环境为保障。营商环境是制约资源配置从而影响经济活力和经济持续发展的基本因素，是我们建设统一开放、竞争有序的市场体系，让一切劳动、知识、技术、管理、资本的活力竞相迸发，让一切创造社会财富的源泉充分涌流的制度基础，是我们深化改革、完善现代化经济治理体系的重点环节。

在新时代推进中国特色社会主义建设事业的进程中，必须保持经济发展的活力和动力。而一个社会的经济活力和发展后劲，首先依托于企业的活力与实力，这需要以相对宽松的商事制度环境为前提。营商环境的完善是涵盖社会经济活动全过程的系统性工程。打造一流的营商环境，从市场准入的角度，必须对工商登记制度深化改革，最大限度降低企业创办的门槛，革除繁琐的前置审批事项，简化登记手续和程序，实行"一站式"和"网络化"方式办理等，为企业的创办提供便捷的服务；从市场运营的角度，必须减少对市场生产者、经营者不必要的商事干扰，把该由市场运行规律解决的问题交给市场，交给市场主体去处理和承担，交给市场机制去调节；从市场监管的角度，必须建立健全公平正义、公开透明的制度体系，监管标准与方式应该建立在获得市场主体广泛共识的基础之上，最大限度消除监管信息不对称问题，并实现市场主体自律与他律相一致的商事监管机制[17]。

国务院2018年首次常务会议对进一步优化营商环境进行部署，体现了营商环境建设的重要性和紧迫性。会议指出：优化营商环境就是解放生产力、提高综合竞争力。按照党的十九大和中央经济工作会议精神，改革创新体制机制，进一步优化营商环境，是建设现代化经济体系、促进高质量发展的重要基础，也是政府提供公共服务的重要内容。会议还指出，近年来各地在改善营商环境方面取得积极进展，但仍有不少"短板"，我们必须针对市场和企业反映的突出问题，以深化"放管服"改革为抓手，多推"啃硬骨头"的举措。

政府的"放管服"改革是要从体制机制上致力于既激发市场主体活力，又能促进市场秩序规范有序的市场环境建设，应当既防止"水至清则无鱼"，又防止水过于"富营养化"或被污染而导致"鱼"难以存活。要使市场营商环境规范、优化，就要进一步加强保护企业合法经营权益和构建防止不法侵权、防止不正当竞争的长效机制，为合法经

---

[17] 黄亮，杜德斌. 创新型城市研究的理论演进与反思[J]. 地理科学，2014，34(7):773-779.

营者的发展清除各种阻碍和干扰;要加强与完善保护消费者合法消费权益的体制机制建设,并探索进一步激活消费活力的机制,促进消费在经济增长中发挥更大的、更具主导型的拉动作用;要积极推进各区域间破除行政藩篱、打破既有利益格局,促进各级政府权力的透明和自我约束机制的完善,规范政府政策对企业和市场行为的干预方式与干预条件,既要防止政府的不作为,又要防止政府对市场行为过多插手。

广东在营商环境建设方面走在全国前列,其中广州市已持续多年被《福布斯》等多个国内外权威机构评价为中国内地营商环境最优的城市。广东营商环境有着包容性、务实性强的特点,市场竞争氛围一直比较活跃,近年来在营商环境便利度方面的改革继续获得一定的先行经验。但考虑到目前全国的营商环境在国际评价中总体居于中等水平,广东仍然需要继续创新引领这项工作,扬长补短、加快推进。所谓扬长,是要坚持海纳百川的开放包容传统,并且加快把广东自贸试验区开创的通关便利化、企业商事登记快速高效等的经验复制推广。所谓补短,可以结合广东省政协2017年《关于优化广东省实体经济营商环境的专题调研报告》所提出的问题,即制度性交易成本仍然偏高、企业税费负担仍然较重、融资难融资贵问题仍然较突出、生产要素成本仍然居高不下、知识产权保护工作仍然有待加强等方面,以及笔者观察到的对大型企业和小微企业是否提供公平的营商环境服务、对政府管理部门是否加强大数据大部门协作配套服务、对"放管服"改革之"服"相对短缺和市场监管仍有薄弱环节等方面存在的不足,加快对这些问题症结的挖掘、诊断,组织决策管理部门进行攻关,形成可匹配的系统性解决方案,并进而形成长效性的制度与运作机制。

二、推进产权制度改革,增强市场要素配置主体活力

在建设和完善现代市场经济体系中,企业作为最重要的市场主体,必须能够固本强基,形成强大的企业群体和层次丰富的企业体系。这是因为市场经济体制的本质是资源配置的市场化,从资本、技术到劳动力或人才等各类要素、各类资源,其配置的主体就是企业;因此,企业结构、企业素质、企业活力等的状况,是制约市场要素配置质量和配置效益的直接因素。鉴于企业组织的基础是产权结构,这就需要在深化改革中,着力优化市场主体的结构,实现不同所有制的共同发展,构建起适应现代市场经济的产权体系。

党的十九大高度重视产权制度改革和增强市场资源配置主体活力的问题,在党的十九大报告中提出:"经济体制改革必须以完善产权制度和要素市场化配置为重点,实现产权有效激励、要素自由流动、价格反应灵活、竞争公平有序、企业优胜劣汰。要完善各类国有资产管理体制,改革国有资本授权经营体制,加快国有经济布局优化、结构

调整、战略性重组，促进国有资产保值增值，推动国有资本做强做优做大，有效防止国有资产流失。深化国有企业改革，发展混合所有制经济，培育具有全球竞争力的世界一流企业。全面实施市场准入负面清单制度，清理废除妨碍统一市场和公平竞争的各种规定和做法，支持民营企业发展，激发各类市场主体活力。"

产权制度改革的主要方面涉及国有企业和民营企业。从国有企业改革到整个国有资产、国有资本管理及经营体制的改革，是我们构建更有活力的多元产权制度的关键所在。其意义的重大，首先来自国有资产、国有资本所具有的国家属性、全民属性；其次是因为国有资本主要涉足经济社会基础性和关键性领域；再次是由于国有企业目前是深化改革、培育混合所有制经济中起着主导作用的一方。因此，必须积极主动从三个基本方面对国有企业和国有经济深化改革：一是国有经济在国民经济体系中的战略性布局要不断优化，要坚持着力于关系国家安全和国民经济命脉的重要行业和关键领域，又要防止僵化固化，保持可进可退的动态性，并在供给侧结构性改革中坚决解决僵尸企业问题；二是国有企业的治理结构和治理体系要不断优化，在国有资本授权经营体制的完善中，促进企业法人治理能力的提高，同时加大与社会资本共建混合所有制企业的比例，提升企业市场决策能力和风险把控能力；三是加强国有企业和国有资本战略性重组的问题，特别是地方政府管理的国企中，较为普遍存在着实力较弱、布局较散、部分规模较小以及负债压力较大等问题，需要加强资源重组，才能实现做大做强的目标。其中尤其要注意地方政府对地方国有企业和国有资产承担的责任，必须在国企、国资改革中同步解决，着力解决地方政府对僵尸企业的清理责任问题、借助其管辖的国企过度融资问题和不适当地增加杠杆的问题。

从民营企业角度看，广东和全国的民营企业在改革开放以来，特别是国际金融危机爆发以来，在工业增加值、出口贸易值等多个主要经济指标的增幅上，总体上领先于其他经济类型的企业，体现了民营企业在现代市场经济体系中的发展优势。党的十九大直接明确地提出"支持民营企业发展"，这一表述在历次党代会报告中还是第一次完整采用，这就向民营经济展示了更充分的发展前景。所以，民营企业在完善我国市场经济体系中的舞台及其作用都将越来越大。中国的民营企业虽然恢复和发展于改革开放进程中，但由于重振的历史尚短，仍然面临着一些成长中的障碍，如短期行为和治理模式的落后等。民营企业要发展成为富有活力的市场主体，除了政府和社会营造更公开透明的法治化营商环境外，还需要加强以下方面的自身改革与建设：一是向现代企业制度发展，克服过多依靠"人治"的企业治理方式，形成企业运作的长效机制；二是向民营企业协同发展延伸，克服各自为战的竞争态势，形成抱团发展、集群发展的竞争优势；三是向质量提升发展,更好更快适应我国经济进入以高质量发展为特征的建设现代化经济体系的新时代。此外,民营经济应该主动打破所有制壁垒,按照全产业链合作的思路,拓展与国有经济的产权合作、产业内分工合作、市场拓展合作等方式,做大中国企业的总体实力,争取在国际市场有更多的中国企业和中国品牌的话语权。

三、完善市场机制构建,促进现代市场体系有效运行

市场机制是市场经济体系运作的动力机制、传导机制、制衡机制等构成的系统。市场机制作用的效能,是体现现代市场经济体系运作水平的主要表征。

要重视竞争机制与风险机制作用的发挥。市场竞争机制作用能否很好地促进现代市场体系的发展,其关键点在于进一步破除各种形式的垄断,营造公平竞争的市场氛围。毋庸置疑,大企业在市场上具有资源配置的优势,市场机制的作用方向往往有利于大企业。因此,如果政府这只"有形之手"也优先扶持大企业,则市场与政府"两只手"的互补性就出现缺陷。这样竞争下去,就会产生垄断,垄断会降低资源配置效率和效益,阻滞创新进步、增大消费者成本,最终破坏社会公义。所以,中小微企业的生存与发展,是市场经济条件下更好发挥政府作用所必须关注的重中之重[18]。

在风险机制作用方面,一是要通过市场化改革,减少政府对企业特别是国企的大包大揽的传统做法;二是要完善市场组织结构,丰富市场中介和行业组织作用,提升企业对风险的把控水平和风险化解能力,完善市场退出机制;三是建议借鉴国外一些发达国家实施的地方政府破产机制(如美国自1934年即由国会通过把地方政府债务重组机制纳入联邦破产法),试着把企业破产机制延伸至地级或县级以下包括乡镇政府,对地方政府担保的过度融资借债行为构筑起风险防护墙,中央和省级财政对滥权、无序的地方债务不再兜底,这对于减少地方政府对市场经济环境的不适当干预具有重要意义。

四、形成全面开放格局,构建高水平的现代市场体系

全面开放格局,既包括对经济全球化的积极参与,又包括国内市场打破地区壁垒的开放。只有全面开放,才能更有效地实现市场在更大范围配置资源,使资源配置的效益达到最大化,构筑起更成熟的市场经济体系。

区域间发展不平衡的问题,一直是广东建设全面小康社会和走向现代化的主要制约因素。多年来,广东在珠三角支持粤东西北经济协调发展方面采取了多种措施,拓展了

---

[18] 薛德升,黄鹤绵.关于世界城市研究的两场争论及其对相关研究的影响[J].地理科学进展,2013,32(8):1177-1186.

多条路径。下一步,建议更多考虑的不仅是经济要素,而且包括科技文化教育等多方面的举措。比如,考虑到高校与科研机构对支持地方经济发展的作用,而珠三角集中了广东省九成以上的高校和研究机构,特别是高水平高校和研究院所。因此建议珠三角优质高校与科研院所与粤东西北高校、科研机构之间进行合作,包括共建有内在联系的教育、科研体系,如建立覆盖粤东西北的大学集团制度等,进而引导珠三角优质资源扶持尚无本科院校和市属科研机构的地级市,填补粤东西北缺乏高水平研发支持和人才培养的空白,这对于改善粤东西北投资环境和人文发展水平,将大有裨益。

第三章 现代绿色经济理论与发展

第一节 税制改革与发展绿色经济

2016年中国经历了营改增、资源税改革等税制方面重大调整，文章从税制改革是促进经济健康稳定增长的需要、现有税制在发展绿色经济方面存在诸多不足两方面分析了税制改革的原因，并阐述了税制改革对发展绿色经济的促进作用，即税制改革能倒逼传统发展模式，促进产业改造升级，能引导消费者绿色消费，促进经济结构调整，揭示税制改革是经济结构调整、产业转型升级、发展绿色经济的有力助推剂之一。

2016年我国税收制度经历了重大改革，影响较大的主要涉及以下几个方面，一是全面实施营改增，二是资源税改革，三是调整股权激励和技术入股所得税政策。这些税制改革不但降低了企业的税负，而且还促进了资源的合理利用，更是刺激了科技创新，加大了科研成果的转化，促进了我国经济结构优化，产业层次升级。

一、税制改革的原因分析

（一）税制改革是促进经济健康稳定增长的需要

中国改革开放以来，经济发展曾一度趋向粗放型，高投入、低产出、产品附加值低，导致资源面临枯竭，环境污染严重且有效供给不足，而随着要素成本上升，人口红利逐渐消失，经济下行压力明显。经济结构调整，产业转型升级，鼓励创新创业，发展绿色经济是促进经济健康稳定增长的有力保障，而税制改革则是这一目标实现的助推剂。

（二）现有税制在发展绿色经济方面存在诸多不足

1. 现有税制涉及绿色经济的内容。我国开立的税种众多，既有增值税、所得税等大税种，也有资源税、耕地占用税等小税种，它们对发展绿色经济有何影响？现列举几个税种加以说明。

（1）增值税。我国现行增值税条款中有许多优惠政策体现了有效利用资源、保护环境的思想。具体优惠政策有：鼓励回收利用废旧物资，如利用废旧轮胎生产胶粉、掺入30%的废渣生产特定建材可免交增值税；鼓励综合利用资源，如利用废弃物生产的沼气生产电力热力、用废矿物油生产工业油料等实行即征即退政策；鼓励发展环保节能项目，如对实施符合条件的合同能源管理项目的节能服务公司将项目中的增值税应税货物转让给用能企业，暂免征增值税；鼓励使用清洁能源和生产环保产品，如销售自产的综合利用生物柴油，实行先征后退政策。

（2）消费税。为了保护环境，引导人们消费，国家对鞭炮、焰火、成品油、小汽车、摩托车、高尔夫球及球具、木制一次性筷子、实木地板等均征收消费税，污染越严重、消耗资源越多的产品，税率越高，这一规定是通过引导消费结构的调整来促进国家产业结构的调整。

（3）企业所得税。国家对那些使用新设备、开发新技术来进行节能减排、减少污染、保护环境的企业给予税收优惠政策，如对采用高新技术处理污染的企业，按减15%征收企业所得税；企业为开发环保新技术、生产环保新产品所购买的设备仪器，单位价值在10万元以下的，可一次或分次摊入管理费用。

（4）资源税。我国从1984年开始征收资源税，1993年12月，《资源税暂行条例》及《资源税暂行条例实施明细》颁后，确定了资源税的征收范围，共七大类税目，并一直沿用至今。征收资源税，可抑制资源浪费，合理开发利用自然资源。

（5）城镇土地使用税。城镇土地使用税是对在城市、县城、建制镇和工矿区内国家所有和集体所有的土地拥有使用权的单位和个人征收的一种税，采用的是有幅度的差别税额，大城市每平方米年应纳税额为1.5至30元，中小城市依次减少，而县城、建制镇、工矿区则为0.6至12元。开征城镇土地使用税，可抑制投资过热，滥用土地的行为。

（6）耕地占用税。耕地占用税是指对占用耕地建房或从事其他非农业建设征收的一种税。它采用地区差别定额税率，按人均耕地的多少制定税率，人均耕地面积越少，税率越高。如人均耕地不足一亩的地区，单位应纳税额约为人均耕地超过3亩以上的地区的2倍。这种差别定额税率能有效地节约用地，保护耕地。

（7）关税。为了参与国际竞争，刺激出口，我国大多数商品在出口环节均免税，同时实行出口退税政策，但对于一些能耗高、污染严重、资源性产品出口则需加征出口关税。我国现行关税税则对100余种商品征收出口关税，同时降低或取消它们的出口退税。通过降低或取消进口关税鼓励高能耗、高污染、资源性产品进口，充分利用国外的资源。

（8）排污收费制度。我国秉承"谁污染，谁付费"的原则，征收污水排污费和超标排污费，主要对污水、废气、固定废物和危险废物、噪声征收排污费，排污费的征收既加强了对企业的排污管理，又为国家治理污染积累了一定资金。

2. 现有税制的不足。（1）税收调控绿色经济效果还不明显。我国当前税收体系中直接用以调控绿色经济的绿色税种主要有资源税、城镇土地使用税等。我国主要绿色税种收入占税收总收入比重尚不足14%，即使加入消费税的绿色收入部分，也不足20%。此类税收收入不高将限制国家筹集环保资金，约束国家对生产节能环保产品、开发环保技术等项目的投资。（2）现有税收体系绿色税种设置尚不全面。税收对绿色经济的调节应贯穿从生产到消费的所有环节，涉及多个税种。我国除了以上提及的涉及绿色成分税种之外，没有独立的专门以保护环境为目的税种，如环保税等。（3）费改税还未彻底实施。我国对企业排放污水、废气等征收排污费，对开采矿产资源征收矿产资源补偿费，这些收费相对于税收而言，第一，收费项目细分不够，多采取一刀切的方式，如收取污水排污费时，按污水排放量收费而忽略了污水的不同浓度；第二，收费标准较低，我国规定，污水排污费收费标准为每污染当量1.2元，这一收费标准远低于我国环保治理的支出；第三，存在乱收费现象，加重部分企业的负担；第四，收费范围不能与时俱进，如在生产发展过程中，已呈现出挥发性有机物污染问题，但现有排污收费项目中还没有涉及此类项目。（4）税收优惠政策存在不足。税收优惠政策不够全面系统，零散地分布于增值税和企业所得税等税种中，同时国家在制定税收优惠政策时考虑欠妥，有时会顾此失彼。如国家在设定增值税税率时，为了扶持农业生产，将生产销售农机、农药、农膜的税率定为9%，而农药的大量使用将严重影响生态平衡。

二、税制改革对发展绿色经济的积极作用

（一）税制改革，倒逼传统发展模式，促进产业改造升级

1. 营改增。营改增优点之一是改变了重复征税现象，使税收体制更合理。以建筑业为例，在缴纳营业税时，建筑企业所购进的砂石、水泥等原材料不能抵扣进项税，我们将这些进项税计入材料成本，以某建筑企业购进70000元原料为例，若原料销售方为增值税一般纳税人，原料购进时该建筑企业承担了11900元的增值税进项税，账务处理为：借：原材料81900，贷：银行存款81900，假设当年该建筑企业确认100000元收入，按3%征收营业税，账务处理为：借：银行存款100000，贷：主营业务收入100000，借：营业税金及附加3000，贷：应交税费——应交营业税3000，这100000元收入中就包含了11900元的进项税，故而企业既负担了11900元进项税，同时又负担了11900元形成的营业税357元。这种重复征税状况既加重了企业税负，又使产品、劳务价格上升，增加消费者的消费负担，抑制消费者的消费需求，从而影响国家扩大内需刺激经济的政策

效果。营改增之后建筑业一般纳税人虽按11%征收增值税，但它所购进的原料、劳务均可通过进项税票进行抵扣，避免了重复征税现象，税制更合理。

营改增优点之二是可以降低企业税负，让企业能积累资金进行技术改造。仍以上述建筑企业为例，营改增之前，共负担了11900元进项税和3000元营业税，营改增之后，若该建筑企业被认定为小规模纳税人，征收率为3%，其收款仍为100000元，此时账务处理为：借：银行存款100000，贷：主营业务收入97087.38 应交税费——应交增值税2912.62，小规模纳税人虽不能抵扣进项税，该建筑企业仍需负担11900元进项税，但增值税为价外税，收入所负担的增值税为2912.62元，低于价内税营业税3000元；若该建筑企业被认定为一般纳税人，购进原料时账务处理变为：借：原材料70000 应交税费——应交增值税（进项税额）11900，贷：银行存款81900，确认收入时账务处理变为：借：银行存款100000，贷：主营业务收入90090.09 应交税费——应交增值税（销项税额）9909.91，此时该企业当月不需缴纳增值税，且有留抵税额1990.09，同时城建税、教育附加等税负也有所降低。营改增之后，对于一般纳税人企业，有形动产租赁增值税税率高达17%，交通运输业、建筑业和房地产行业增值税税率也达到11%，与原来3%、5%的营业税率相比上升较多，但这些企业只要规范业务流程，积极索要发票，取得足够的进项税抵扣，减负降税也是可以实现的。

营改增优点之三是打通了增值税抵扣链条，惠及工商企业。营改增中服务业的上游与下游都是工商业，它处于产业链的中间环节，工商业缴纳增值税都可抵扣，只有中间服务业环节缴纳营业税，不可抵扣，抵扣链条不通畅。只有把中间环节打通，才能更好地惠及工商业。

营改增优点之四是提高了科技研发的动力。对于工商企业而言，缴纳营业税时代，由于从外部购买科研成果进项税不能抵扣，许多工商企业在企业内部设置研发机构，所有研发工作在内部完成，研发成本上升，科技交易市场活力不强。营改增之后，工商企业可将一些非核心的研发工作外包给专业的科技服务企业，享受专业化服务的同时可集中主业，还可抵扣进项税，降低成本，激活科技交易市场。对于专业的科技服务企业而言，营改增后一般纳税人税率仅为6%，与原来5%相比虽有所提高，但因可抵扣进项税，企业税负降低，经济效益提高，节约的资金可再投资，增加了科技投入，促进了科技创新发展，进一步优化了经济结构。

2.资源税改革。我国资源税改革开始于2010年，此时资源税开始从价计征试点，2016年7月1日起，我国全面推动资源税改革，改革内容主要包括以下几个方面。

（1）扩大资源税的课税范围。在河北开始实施水资源税试点工作，并逐步将其他资源纳入资源税的征收范围。

（2）将从量计税改为从价计税。2010年6月起我国在新疆开始试点，将原油、天然气由原来的从量计税改为从价计税，并相继覆盖煤炭、稀土、钨、钼四个品目，现进一步将从价计税的资源品种范围扩大，延伸至铁矿、金矿、铜矿等21个列举名称的资源品目和未列举名称的其他金属矿。

（3）全面整改有关矿产资源的收费基金。取缔地方设立的针对矿产资源的各种违规收费基金项目，将所有品目矿产资源补偿费费率降为零，停征价格调整基金。

（4）合理确定税率水平及合理设置税收优惠政策。在中央规定的税率幅度内，省级人民政府针对主要产品初步确定全体适用税率，并报财政部、国家税务总局批准确定后实施。开采难度大、可综合利用的矿产资源可给予税收优惠，从尾矿、废渣、废水等中提取的矿产资源，省级人民政府可酌情给予税收减免。

资源税改革取得的成效卓著，其一是降低了税负。其二是促进资源的节约利用，减少环境污染。以煤炭为例，实行从量计征，开采企业为了追求利润，只开采优质煤炭，弃采劣质煤炭，造成了资源的极大浪费，环境污染严重。资源税改革后，煤炭由从量计税改为从价计税，煤炭因等级不同而价格不等，优质煤炭税收较劣质煤炭多，从税收上调节采矿企业行为，从而加强资源综合利用，保护矿区生态环境。随着水资源税的开征，在保证居民生活用水负担、企业正常用水负担、农业用水负担三不变的前提下，对于一些高耗水企业、大量使用地下水企业将提高税率，促使纳税人更加注重科技创新，节能减排。

3.调整股权激励和技术入股所得税政策。2016年3月1日国家出台实施《国有科技型企业股权和分红激励暂行办法》，9月22日，国家税务总局和财政部又联合印发了《关于完善股权激励和技术入股有关所得税政策的通知》。这两个文件表明，企业或个人若将其技术成果投资入股，可采取递延纳税政策，即纳税人可先在主管税务机关备案，投资入股当期可暂不纳税，等到转让股权时，按股权转让收入减去技术成果原值和合理税费后的差额计算缴纳所得税。两个文件的颁布，标明我国鼓励科技成果转化、激发创新创业活力的税收政策进一步完善。

（二）税制改革，引导消费者绿色消费，促进经济结构调整

为减少污染，发展绿色经济，国家通过税收政策，奖抑结合，引导消费者建立绿色消费理念。在汽车领域，对大排量汽车，征收40%的消费税，而对1.6升及以下的小排量乘用车，减半征收车辆购置税；对城市公交车，国家从2012年1月开始免征车辆购置税；对新能源汽车，从2014年9月开始免征车辆购置税。在消费品领域，国家在税

收上有重大调整的是电池和卷烟，电池原来不征消费税，从2015年2月起开始对普通电池征收4%的消费税，而对锂电池和镍氢电池等环保电池免征消费税。卷烟原批发环节征收5%的从价税，从量税为每支0.003元，现从价税提高至11%，从量税提高至每支0.005元。

促进经济结构转型升级，建设资源节约型、环境友好型社会，是我国当前经济建设的重要内容。而税制改革，将有效推动这一目标的实现，引导生产经营消费健康发展。

第二节 云计算助力绿色经济发展

第四次工业革命的来临，加快了经济发展方式的转变。"中国智造"对技术发展提出要求的同时，也指明了技术使用的方向。研究在对云计算内涵进行深入浅出的阐释后，提出运用云计算进行节能减排，深化绿色革命。以常州市为例对云计算在各领域使用进而降低碳排放，提高效率的同时对可持续发展进行了预测，以期为相关研究提供借鉴。

信息技术产业作为我国工业领域第五大高能耗产业，承担着建设低碳可持续发展社会和构建绿色经济的重要责任。面对这样的挑战，云计算技术因其绿色计算的理念，作为近年来国内外信息技术发展的必然趋势，将有效缓解能源紧张以及碳排放的问题，为信息产业带来一场新的绿色变革。

一、云计算与节能减排

云计算技术最大的优势就是依靠规模效应提高计算资源的利用率，降低能源消耗。直观体现云计算节能效果最典型的应用类型包括主机云和桌面云，前者对应的是传统服务器，后者对应的是传统个人电脑。这里粗略分析一下两种类型应用的节能效果。

（一）主机云

主机云是通过云计算技术将IT设备的硬件、存储及网络等资源虚拟化为统一资源池，从资源池分割成独立的虚拟服务器，实现与真实主机服务器功能相同的一种云计算应用。通常传统数据中心服务器资源利用率不足10%，而采用云计算模式的主机云利用率可高达80%以上，按照数据中心PUE能源利用效率以及每台服务器功率估算其耗电量。

此外，主机云还可以带来能耗以外的效益。

直接经济效益。比如节省机房占地、机柜机架空间、网络设备、线缆等资源以及运营维护管理成本。间接经济效益。比如提高了数据的安全等级，传统服务器一旦发生故障，业务就会中断，而主机云服务器可以在同一云端任意物理服务器间进行无阻碍数据迁移，实现业务的零阻断。

（二）桌面云

桌面云是通过云计算技术将 IT 设备的硬件、存储及网络等资源虚拟化为桌面电脑，通过网络接入，实现与本地个人电脑无差异的使用功能。理论上只要有网络的地方就可以访问云端个人的桌面系统。未来服务器的计算能力会不断增强，单台服务器将可以提供多台桌面操作系统的计算能力，一般用户端只需要配备低成本的瘦终端作为连接桌面云的网络介质，以达到桌面使用的安全性和灵活性的目的。以 100 台瘦终端设备，每天工作 8 小时、一年工作 260 天计算，因瘦终端没有风扇及转子等易损部件，基本可以保证稳定使用 5 年以上。此外，根据不同的配置，一台服务器可以支撑十几个至几百个桌面的运行。因此，如果桌面均由云端提供，那么采购 PC 机的成本将高于服务器的成本，而且还可以有效解决当前 PC 机的信息安全问题、降低 IT 维护成本、避免终端异常、PC 使用者行为规范难以控制的状况，所以随着云计算技术的出现，桌面云将会在某些特定的应用场景普及。

二、云计算的绿色经济——以常州市为例

2017 年 4 月，工业和信息化部编制印发了《云计算发展三年行动计划（2017—2019 年）》，这是我国首个针对云计算的三年行动计划，也预示着国内云计算发展将进入最佳时期。目前已经有一些政府机关、事业单位、中小企业转变传统思路，租用云服务，实现了成本大幅降低和应用快速部署的目标。

（一）电子政务云

根据常州市政府在采购网等相关媒体发布采购公告，常州市政府拟将政府部门各业务信息系统按安全性、可靠性、稳定性等要求进行划分，对安全、稳定等要求较高的业务系统部署在私有云上，其余系统则对外采购云服务。最终由联通、移动、电信三家运营商中标，今后将为政府各级部门建设和提供可靠的云服务平台。总体上看，电子政务云将各部门分散独立的系统集中融合起来，实现资源统一调度和共享，极大降低政府财政支出；同时也解决了信息孤岛的问题，实现政务信息的整合和工作协同，将大大提高各级部门机关的整体工作效率。

（二）地税桌面云

常州地税作为窗口单位，为提高服务效率，采用桌面云系统实现了纳税大厅电脑的

集中统一管控。所有云终端使用系统都在服务器上定制分发并统一安装应用系统和设备驱动，可瞬间实现上千台电脑的安装。根据不同的使用场所和功能设置不同模板，保障系统的一致性和稳定性，同时提供统一的云存储保障数据安全和快速收集。窗口人员只需将所有硬件连接，即可投入工作。以业务平台升级为例，原本需要针对每一台终端帮助业务人员升级，使用了桌面云则只需要通过模板统一更新即可，使得这项浩大的工程仅在几分钟内就完成了，非常方便。同时管控力度的加大、服务器级别的高可用性、分钟级别的虚拟机备份和同步等功能的实现，保证桌面端具有企业级的高可用性和安全性。通过云的方式构建桌面系统，在不增加总体持有成本的情况下替换原PC机的解决方案，使得常州地税信息化建设向前迈进了一大步。

（三）工地监控云

建筑工地存在施工人员的人身安全问题，工地的建筑材料及施工质量问题，施工进度、设备等财产安全问题以及建筑工地在施工过程中所产生的扬尘污染问题，由于得不到实时的监测数据，一直困扰着监管部门。为此，常州市建筑安全与设备管理协会利用通信运营商提供的工地监控云平台，建立起了一套安全生产视频监控及预警体系，实现建筑工地的实时监控，联动应急指挥，极大降低了安全生产事故发生、人员伤亡的隐患，同时释放管理人员的冗余劳动，提高监管的效率和业务水平。协会下辖的近400个工地仅需要安装前端视频监控设备，所有视频数据由监控云平台实时汇总存储和分发，管理者足不出户即可掌握所有工地情况。施工单位由此每年不仅大大降低了偷盗和人员伤亡事故的发生，仅此两项就可挽回上百万的损失，管理部门也无须投入大量人力物力进行监管，实现了经济、社会效益双赢。

（四）企业创业云

在大众创业、万众创新的大潮下，一大批年轻创业者凭着对互联网新技术的敏感，掀起了大众创业、草根创业的新浪潮。在政策的扶持下，常州各地的孵化器、创业园如雨后春笋般出现。在走访园区互联网企业的过程中，笔者发现许多企业只有十几个人甚至几个人加几台笔记本电脑，却能创造上百万甚至上千万的年产值。在这背后似乎隐现一个趋势，企业运营的轻资产化开始流行。比如企业的网络、计算、存储、带宽等资源都租用运营商的云平台，无须自行采购运维硬件，灵活按需实现业务轻载的同时又可以随时释放资源，从而使企业可以专注于产品的研发和营销，既省钱又高效。相信随着云计算技术的普及，企业对IT资源的使用就像付水电费一样即取即用，从而大大降低企业经营成本，杜绝资源浪费，我们可以预见到云计算的绿色生命力。

三、云计算的未来

从微观层面来看，通过技术的革新将传统高能耗计算技术转变为绿色的云计算技术，有形的硬件设施被虚拟的云端服务替代，对个人和企业而言，信息化成本的节省显而易见。

从宏观层面来看，云计算作为新一代产业浪潮的重要驱动力，正在渗透到经济和社会各个领域，为社会经济的发展做出巨大贡献。例如，云计算在教育领域推动优质教育资源的共享，推动区域教育水平的均衡发展，促进教育公平，我们称之为教育云；在医疗领域建立医疗健康信息平台、医疗远程诊断及会诊系统，医疗远程监护系统以及医疗教育系统等，从而改变传统医疗体系上的很多漏洞，为患者和医生提供了极大便利，我们称之为医疗云；在交通领域建立一套统一指挥、高效调度的立体交通平台，处理交通堵塞，应对突发事件，彻底解决城市发展中的交通问题，我们称之为交通云。

随着我国信息产业的高速发展，低碳环保无疑将成为当今社会的主旋律。云计算与互联网技术的一体化为信息产业带来绿色计算的变革，让每一个人享受到科技创新的成果。发展绿色云计算技术有利于我国节能减排的渗透，通过云计算整合一切可以整合的资源，降低社会运行成本，是未来绿色发展的有力支撑。

第三节　金融支持绿色经济发展

在我国经济发展的同时，面临着来自资源和环境带来的双重压力，当前经济增长的主要力量就是绿色经济的发展，现代经济的核心和血液就是金融，支持绿色经济就可以迅速的发展。我国召开了 Gzo 杭州峰会，提出了低能耗、低排放、低污染的理念，使我国绿色经济市场建立了良性投资环境，建立了良好的绿色金融支持体系，可以加快建立资源节约型社会，使经济增长的质量和效益得到全面提高，使我国国民经济可以得到可持续的发展。本节主要结合金融支持绿色经济发展所提供的途径进行实际论述，结合具体的实例，促进我国绿色经济更好发展。

绿色经济在实际发展过程中，金融对于绿色经济发挥着不可替代的支持作用。我国全球化绿色经济在实际发展过程中，需要将财政和税收以及金融职能的作用充分地发挥出来，将我国相关政策对于绿色经济发展的支持力度加大，建立出绿色财税金融体系，鼓励资源节约，可以做到循环利用，这也是我国社会经济发展过程需要研究的重要课题。本节结合绿色经济的发展情况，对于我国财税金融在绿色经济发展过程中面临的制约因素进行全面分析，主要围绕着金融对于绿色经济发展所提供路径进行分析，并且提出了具体的发展建议。

一、我国金融支持绿色经济发展的制约因素

（一）绿色经济发展的政策体系缺失金融支持

从宏观政策出发，对于绿色经济的发展目标并没有专门的金融支持政策，我国相关单位很少发布相关政策规划，绿色经济信贷项目没有规定实际范围，也没有针对绿色经济项目提出具体的优惠信贷措施，在绿色经济发展过程中没有规定金融的职责和定位。当前我国人民银行需要针对信贷增长提出具体的指导意见，需要针对生态环境保护加大支持力度。但是政策传导机制不够顺畅，没有形成有关经济发展的相关金融政策，金融无法有效促进经济的发展。从微观角度上看，当前我国的环保部门和税务部门利用费用返还等方法，支持绿色经济的发展，促进循环经济项目更好地发展，但是没有建立风险补偿政策，没有发挥金融在绿色经济发展过程中发挥的积极性，很容易就会出现商业信贷缺位的情况。

（二）资金来源比较单一，政府投资不足

绿色经济在我国发展主要依靠的就是财政注入，社会财力并没有给予有效的支持，这是因为我国当前还没有建立相应的激励和保障措施。绿色经济无法得到健全发展，所采取的融资手段缺乏市场性，绿色经济市场无法将社会当中的闲散资金适时地吸收，导致市场严重缺乏资金，无法有效解决市场发展过程中遇到的紧迫性问题，对于绿色经济的发展造成一定的阻碍。我国有关绿色经济的投资总量逐年占比增加，但是其GDP占比仍旧很低，环境污染无法得到有效控制，也没有有效改善资源利用情况，经济效益的社会需求无法得到满足，绿色经济的需求总量不断增加，导致绿色经济的发展出现了越来越大的资金缺口，对于绿色经济的发展造成严重的阻碍。

（三）缺乏金融资源配置

我国的商业银行信贷资金对于大企业和大项目更加青睐，小企业的循环经济发展缺乏信贷方面的有效支持，这样使贷款出现过高的集中度。如果市场环境和企业经营出现问题，那么银行就会增加风险。高新技术产业在发展过程中缺乏信贷支持，而我国的商业银行在贷款投资方面主要偏向房地产和电力等行业，有关高新技术产业的贷款投放却是很低的比例，产业升级无法结合时代的发展，对于企业的循环经济发展造成严重的后果，没有促进经济进一步的发展。

二、世界上其他发达国家对于金融支持绿色经济的经验

(一)注重法律规范

世界经济不断发展,国外绿色金融的相关体系已经逐渐变得完善,联合国颁布了《21世纪议程》,其中提到了有关发展中国家在可持续发挥过程中,需要结合各自的国情,采取经济政策改革,使银行信贷得到提高,促进经济可持续发展。在环保领域,金融发挥着不可代替的作用,并且得到越来越多的重视,各个国家开始实施金融的绿色改革,制定和修改相关法律。1980年,美国要求企业需要对于环境污染引起重视,并且承担一定的责任,信贷银行就会由此重视潜在的环境风险。1993年,美国证券管理委员会,从环境会计的角度出发,结合自身的环境进行实质性的报告。1997年,英国提出了有关环境报告和能源报告编制指南,与此同时,还发布了有关环境事项的征求意见。2001年,澳大利亚也提出了有关金融服务的改革法案,金融机构需要将有关环境保护和投资中的因素考虑进去。

(二)启动金融行业自律

在世界银行的领导下,世界上比较著名的银行纷纷签署了主要是针对项目融资的规则。如果项目投资超过了5000万美元,那么需要评估对于环境的影响。商业银行在业务发展过程中,制定出了通知的社会责任标准。世界银行将传统的贷款方针进行改变,这样一来,具体的贷款项目就会满足环境保护的相关要求。环境评估标准和技术在建立的过程中需要得到国际金融公司的有效协助。在中期发展战略当中,亚洲开发银行提出了有关自然资源和生态环境加强管理的战略目标。联合国环境署给予统一的指导,金融自律组织定期召开相关的会议,从而探讨出可持续发展的相关战略。在全世界范围内,大约有70家金融机构利用了这个规则,其成为了主要的行业规范。

(三)建立绿色政策性银行

德国最早成立生态银行,一些环保项目可能不会受到传统银行的支持,那么它们可以到生态银行申请贷款。波兰1991年也成立了环保银行,主要是对环保的投资项目给予重点支持。日本政策投资银行利用环境评级的方式,将投资对象进行确定,可以和商业银行更好地实现合作,将政策银行自身的协调作用充分地发挥出来,使绿色信贷可以得到更好地发展。

(四)发展绿色基金

20世纪80年代后期,开始出现了环保主义,绿色资金在全球范围内得到迅速发展,

纷纷出现了生态基金和可持续发展基金以及环境共同基金。波兰后来成立了国家环境保护和管理基金会，这也是波兰当今比较大的金融机构。不仅可以保护传统的自然资源，还可以开发和引进环保项目技术，对于国际环境保护基金也会进行管理。例如荷兰建立了"低碳加速器"的相关基金，主要针对的公司虽然还没有上市，但是却致力于碳排放降低的公司。通过更多的实践可以证明，投资者对于绿色基金项目给予更多的关注，可以使投资目标更加合理，投资者发挥着绿色投票和监督的作用，可以促进企业绿色经营更好地发展。

三、我国金融支持绿色经济发展的途径

（一）建立了绿色经济发展制度的保障体系

有效学习外国的成功经验，制定出相关的法律法规制度体系，这样绿色经济在发展的过程中就会受到法律的有效支持。与此同时，将传统考核领导干部的方法进行改变，在政府决策者的考核体系当中融入绿色经济，将评价和考核指标体系进行创新。各级政府需要签订有关绿色经济的责任制，更好地履行绿色经济职能，对地方保护主义进行坚决抵制。

（二）建立专门的绿色经济发展银行

可以建立区域发展银行，财政资金和金融债券筹集资金需要发挥支持作用，使落后地区可以得到发展，将区域经济结构进行平衡，可以使绿色经济发展具备政策性的资金支持。成立绿色经济促进银行使全国绿色经济发展过程中具备金融支持体系，产生发展的力量。进一步促进绿色经济的发展，实现节能减排，政府可以利用市场手段和法律手段等，在环境保护和经济增长二者之间找到平衡点。建立相关的奖励资金，建立有关污染物的减排基金，可以实现节能降耗和技术改造，有关于新能源的投入不断增加，使资金的投入范围进行拓展，使节能减排的实施得到全面推进，由政府促进，将结构性的降耗进行实现，将节能降耗进行强化，使体系得到控制，将约束激励机制的作用充分地发挥出来，使企业可以更好地实现节能减排。

（三）使金融宏观政策的调控力度得到加大

利用绿色信贷，可以使绿色经济得到持续发展，将差别性的信贷政策传导机制进行完善，控制不符合产业政策和环境的违法项目，利用绿色信贷机制，将高耗能和高污染的初级产品进行遏制，对于相关的行业提供信贷方面的支持，通过贷款贴息和差别利率等各种优惠手段，将金融服务的产品进行创新，促进生产能力的发展，使节能减排和循

环经济的发展需求得到满足。充分利用政策引导，通过我国民间融资将金融宏观调控的冲击进行缓解，通过产业政策的相关领导，可以使民间融资的管理和监督得到有效规范，使民间融资流向可以变得更加合理和合法，将民间融资的趋利性和无序性减少，保证民进融资得到正常的金融秩序。将央行征信系统进行完善，促进节能减排的发展，央行需要和地方的环保部门保持紧密的联系，建立工作交流机制，可以实现环保信息的共享，在征信系统当中纳入企业的环保信息，在信贷评估的过程中，需要高度重视企业环保信息，申办信贷业务的重要依据就是企业的环评报告和环保守法情况，有效地对风险进行防范，从而使节能减排工作更好地发展，使地方经济获得可持续发展。

总体来说，绿色经济在我国发展的速度比较缓慢，这主要是因为绿色经济在我国起步较晚，存在很多制约因素。在当前的发展情况下，我国政府支持绿色经济，加大有关政策和信贷的支持力度，使我国社会经济和自然环境可以得到协调发展，促进绿色经济可以获得可持续的全面发展。

第四节　论可持续发展与绿色经济

环境作为平衡发展的重要组成部分，在经济中变得越来越重要，允许企业获得与保护环境相关的各种直接和间接的收益和利益，防止负面的环境影响。特别重要的是，在扩大环境活动的基础经济上，现代工业结构发生了根本性的变化，需要达到消耗自然资源的最优比例。本节致力于绿色技术的应用问题和决策方向在我国工业中的可持续发展讨论。工业、后工业以及基于信息和知识的绿色化经济问题，需要进行绿化过程，绿化进程代表了经济发展的新阶段。通过分析绿色经济形成的国际和区域条件，可持续发展理念在绿色经济活动领域中的重要性得到了证实，经济向可持续发展的过渡应基于绿化流程可提高生产能力的经营理念。

人类的经济活动，商品的生产和使用以及服务在密切材料交换的框架内进行。与自然建立保护环境关系下，工业企业形成了动态的生态经济格局系统，这是两个共同起作用的组合：生态和经济。生态经济的主要特征系统是其平衡自然的发展。在这方面绿色经济是过去二十年来形成的新方向经济科学。绿色经济概念融合了许多后现代主义理念，如生态经济、社会经济体系中存在的环境经济、绿色政治等科学。

绿色经济的形成与发展，除了过度损耗资源导向的诸多经济问题的推动，还涵盖了生态经济和绿色技术的问题。很多国际组织，例如经济合作与发展组织（OECD），采用绿色发展和绿色经济作为规定程序，进行消费和制造，以提供生态安全的产品和服务，例如对绿色发展和技术的投资。如今，世界各地都观察到了新的经济模式出现的迹象。全球经济危机也使绿色经济的形成更有必要，在许多国家制定的反危机计划中，生态成分已经扮演了很重要的角色。

一、绿色经济下工业发展现状

（一）工业和后工业经济的绿色化环保问题

绿色经济是过去二十年来形成的新方向经济科学。在联合国亚洲及太平洋经济社会委员会倡议下，首先纳入了绿色发展的四个优先领域：合理的消费和生产模型；机构和市场的绿化；可持续的基础设施、绿色税收和预算改革。后续增加两项：投资自然资本和生态效率指标。

进行绿色经济需要采取适当的步骤，这种适当体现在因地域而异。因为在经济发达国家的人力资本与人力之间的关系和发展中国家或新兴工业化国家差异很大。过渡到绿色经济的必要三个主要原因：不断扩大和加强人类对有限区域的影响是不可能的。扩大太大会影响目前和不久后的生态环境。此外，海洋深度也非常有限，地球上不可回收的资源并非取之不尽。在人口不断增长条件下，需求就会不断增长，这些需求的满足和现有利益的公平分配成为主要问题；应考虑人类活动也可能对其他地区产生影响。因此，很明显，人类在现代面临的经济问题需要一种解决生态、社会问题的新方法。向绿色经济过渡主要包括三个时期：第一时期——目前至2020年，其中包括教育人民和发展人类的措施。第二阶段——2020—2030年，考虑制定绿色经济体系。第三阶段——可以追溯到2030—2050年，在此期间绿色经济体系已经结出了成果。不论过渡时期如何，社会中存在的经济绿化问题主要分为四个主要类别：生态、知识、政治和道德。因此，根据这些类别，需要适当的术语和应为向绿色经济过渡所创造的条件。这些包括国家规范性法律文件、政策、经济援助和奖励措施、世界市场、法律基础设施、商品周转和财务援助等。

（二）信息经济绿色化中的应用方向和问题

在绿色经济活动领域中，从对自然资源有效利用的分析中了解到知识和技能的重要性。任何国家的经济都可以通过产品和服务的价值来估算，国际统计中的数据表明，有效利用自然资源的问题首先应基于对正确的经济分析和评估。报告表明，在未来15年，信息技术与新兴数字经济发展将为后发经济体赶超提供机遇。信息经济兴起将有助于加快知识的扩散，尤其是对于促进发展中国家的工业化进程，加快其本土化企业发展作用重大。与此同时，产业特性也在逐渐受到信息技术的影响，最为明显的是一些劳动密集型产业，将逐渐转变为资本、技术密集型产业，这一变化会改变全球资本、技术密集型产业再布局，还会加速推动后发经济体转型发展。结合信息技术与后发经济体资源的优势，将增加自然资源的保护，并带来经济增长和公共利益，提高资源使用效率并将其保存在未来尤其重要。保护生态系统及其带来的服务是生态系统的优先发展（绿色经济）方向。

当前，在人类重要的可持续发展中出现了新的趋势和新的挑战，这些可以表述为绿色经济、绿色生活方式、绿色消费或绿色行为。当然先在绿色经济和绿色生产中运用自然法则，不会对环境造成负面影响，高效使用自然资源并得以储蓄，在工业和农业中这一点被认为是最基本的，更是最重要的。

（三）对国际和区域举措的分析

目前，分析研究表明发展绿色经济的投资主要包括以下几个方面：资金服务：赠款、项目融资等；科学研究服务：基础知识等；信息服务：信息交流、教育发展、科学管理等；技术转让服务：技术交流等。分析表明，绿色经济计划所支持的地区中信息部门占64%，而技术支持部门是受支持较少的领域，只有14%。根据这些指标，可以说应该为科学研究提供更多技术支持，从而使新技术更快实施。

应当指出，任何特定区域的环境质量都可以通过以空气、水、土壤、生物多样性、污染、噪音等质量水平形成衡量标准。这些研究因素可以用来改善解决现有环境问题的方法。未来绿色经济的形成，与现代的解决绿色经济的方法的发展方向有关，这就需要采取多学科的方法，形成合理的体系。因此，科学、理论、生态、经济、技术、社会、法律、基础设施、医疗、化学、绿色经济的生物、管理和创新问题应该都进行单独和全面的研究。绿色的经济和可持续性发展的企业正在创造数以千万计的绿色就业机会。例如，2018年美国环境商品和服务的就业人数超过350万，并且还在增长。在其他国家，如在巴西也看到了类似的水平和动态，2018年旨在减少环境危害的部门中记录了超过300万个绿色工作。可再生能源部门的就业增长特别强劲，全球范围内的增长速度为每年21%。

二、绿色经济下我国工业可持续发展论应用的启示

（一）提供经济的绿色化激励机构

绿色经济可以相互促进，从而具有良好的劳动力市场和社会发展成果，但这不是自动的。它会取决于正确的政策和有能力执行这些政策的机构。

引入环境税改革。一个成功的策略是将产生积极成果的方式和衡量可持续发展的规

模在所有领域联系在一起的策略。例如，GEL 模型表明，如果将生态税与就业支持措施结合，到 2020 年多要素生产率将达到 1.5%，高于如果不使用绿色税来支持就业，到 2050 年它将高出 5%。越来越多的证据表明，对就业的净影响也可能是积极的。在全球范围内，如果征收二氧化碳排放税，由此产生的收入被用来削减劳工税，然后增加了 1400 万个净新工作岗位。

鼓励对绿色经济的投资。高效的产品市场将必不可少，但是当前的市场信号无法动员和引导足够的在正确方向上的投资。许多领域的投资严重不足，包括清洁和现代能源，资源节约型住房，制造业和运输，可持续的小农业和农村基础设施以及恢复生态系统服务。除了调整经济激励措施外，已证明有针对性的方案包括公共工程的有效方案将是十分必要的。诸如 REDD 将有助于发展中国家通过对发展中国家的投资来创造急需的就业机会，并实现环境服务。

对企业，尤其是中小企业提供有针对性的支持。中小企业在向绿色经济转型过程中成功实现绿色环保至关重要。合作社、商业协会和合伙企业价值链上的支持可以在支持中小型企业成长和发展中发挥重要作用，这样一来使中小企业能够成功地抓住绿色经济发展机遇。这尤其适用建筑业、能源业、资源密集型产业、运输业、农业和渔业部门。

（二）确保就业，体面工作和社会包容不可或缺

任何可持续发展战略都是以人、地球和公平三部分为核心的，可持续发展方法迫切需要制定政策，但是绿色经济并不具有包容性并在默认情况下具有社会可持续性。抓住机遇，实现过渡缓冲，合理防范风险，需要社会和劳动力市场的政策来补充经济和环境政策。

制定社会和劳动力市场政策，这对于可持续发展至关重要。收入支持措施，例如失业救济金将是中心，与其他措施（例如援助）联系起来，实现找工作和就业服务的匹配。虽然大多数政策与劳动力市场上任何类型的结构性变化有关，它们必须针对企业绿色化的变化和动态量身定制，且各个经济领域之间各不相同。

重视技能和教育政策，以促进工作过渡和改善就业能力。这很关键，因为没有熟练的工人和称职的人，企业向绿色经济转变既在技术上不可行，在经济上也不可行。更绿色的经济将看到一些新出现的职业，但这将主要需要现有的工作能力和工作的转变能力。

确保男女平等，让妇女平等获得技能和就业机会，并增加妇女在决策中的代表权。

（三）以社会对话为中心

鉴于向绿色经济的过渡将带来生产流程和技术的深刻变化以及工作分配，政府和社会伙伴之间的紧密合作将是这一转型成功的关键。

推进绿色经济发展，我国应强化社会监督管理力度，规范并引导绿色经济市场秩序。首先，执法检查工作是环保部门必须要加强的。例如，对于企业偷排、乱排污水等不仅追究法律责任更要加大惩罚力度。此外，由于我国社会对绿色经济缺乏认识，民众少有参与，绿色经济发展的群众基础匮乏，从加强环保教育开始，逐步提高绿色经济发展的社会参与性，从而创设良好的发展环境。最后，强化规划环评引领作用，促进绿色经济发展。从源头看待治理污染，及时控制和预防，才可以从根源解决问题。要实现环境质量改善的核心目标，合理监管体系的建立必然成为推动中国经济绿色化转型的重要手段。

在政策导向的同时，建立适合实际发展的法律保障机制，是进一步优化绿色经济发展条件的重要举措。目前已有《环境保护法》《大气污染防治法》等法律，在此基础上，要增加节能、减排的管理办法。从实际情况分析，以节能环保为根本出发点，鼓励开发与利用清洁能源，制定相应配套政策，扶持企业进行绿色经济发展模式。目前，就经济转型发展、产业结构调整的形势而言，企业应紧扣政策方针导向，努力抓住时代契机，从产业转型、绿色环保着眼，构建具有绿色经济特色的道路。

目前，世界工业经济的发展趋势是基于绿色技术开发的。最大的绿化方式通过ICT，然而工业经济没有信息化，但在生产自动化方面，有足够的绿化潜力。因此，绿化的过程首先应在工业信息化背景下考虑工业经济。换句话说，新绿化技术的应用经济应实现采用创新方法的信息经济。

渐进的创新技术正在开发并应用在科学技术领域，随着创新信息经济的形成，还会出现许多问题，可以通过相关应用程序的开发和应用来解决绿化技术问题。向可持续发展的过渡越早，经济的越早开始绿色发展，越能避免过渡破坏性变革的社会成本，从而抓住经济和社会发展机遇。

第五节　以节水环保促进绿色经济发展

绿色经济是我国经济发展的重要方向，也是我国环境保护政策的必然要求。而绿色经济发展的实现离不开水资源的保护，要求以节水环保促进绿色经济发展。然而现阶段，我国水资源分布不均匀，水资源总量不足，节水工作并没有真正落实，水资源浪费和污染现象严重。针对这些情况，我国探索了水资源危机的原因，并提出了节水环保促进绿色经济发展的策略。研究以节水环保促进绿色经济发展不仅能够实现水资源的保护与节约，而且对发展绿色经济意义深刻。

一、我国水资源现状

（一）水资源总量不够丰富

我国水资源总量居世界第4位，只有世界总量8%，人均水资源占有量更少，仅仅为世界水平的1/4，属于轻度缺水的国家。目前，我国已经被列入贫水国家。然而，我国每年用水的需求量近6000亿立方米，供水量仅仅5000亿立方米，农业缺水十分严重。水资源短缺不仅阻碍了我国绿色经济的发展，而且不利于人们生活水平的改善。

（二）水资源地区分布不均匀

我国水资源的地区分布极其不均匀，长江以南地区水资源占全国水资源的80%，长江以北地区的水资源占全国水资源的20%。然而，长江以南地区的国土面积约占全国国土面积的36%，而长江以北地区的国土面积约占全国国土面积的64%，南方地区水资源总量远远高于北方地区，土地分布不均匀。北方地区在经济发展过程中面临着严重的缺水问题。

（三）降雨量分布不均匀

我国地域广阔，水资源的蒸发量和降雨量分布不均匀。大多数地区的降雨量集中在每年的汛期，存在着春旱夏涝的现象。有些流域上游水资源和下游水资源的矛盾十分突出，流域上游用水过度导致下游地区水资源短缺，严重影响下游地区的生活和工农业生产，甚至会间接造成巨大的经济损失。

（四）地下水破坏严重

我国地下水破坏严重，有些地区过度开采地下水造成了地面沉降，甚至导致了严重的土地沙漠化。并且，地下水严重开采导致地下水污染严重，很多地区的地下水受工业排污、生活污水等的影响而受到污染，水质严重下降。另外，沿海地区的地下水过度开采会导致海水入侵，进而引发地质灾害、不良生态效应、不良环境效应等。

二、我国水资源危机的根源

（一）生态破坏严重

我国水资源危机的直接原因是严重的生态破坏，人们在处理与自然的关系过程中忽视了生态保护工作，存在着乱砍滥伐现象，导致地表植被越来越少，土地荒漠化和水土流失现象越来越严重。并且，我国森林蓄积量较低，有的地方草地正在退化，导致了降雨的空间分布和时间分布的变化，风沙现象增加，严重影响着土壤的保水能力，水资源破坏严重。另外，土壤侵蚀会加剧河湖淤积，导致洪水泛滥，天然降水流失，减少了可用水量。

（二）水污染严重

工业化的发展造成了严重的水污染；同时，生活污水加剧了地下水的污染，导致了严重的用水危机。具体来讲，生活污水和工业排污导致地下水质量下降，很多之前可以直接饮用的地下水变成了有毒、有害水源，成为不可饮用水，加重了人们的用水困难。另外，人们在日常生活中向河流、湖泊中投倒垃圾也会造成严重的水污染，导致水资源的饮用功能丧失。

（三）缺乏水患意识

缺乏水患意识是我国水资源危机的重要原因，在实际生活中，很多人缺乏水患意识，没有将节约用水落到实处。具体来讲，我国农业灌溉技术比较落后，大多数地区的农业灌溉都采取大水漫灌的方式，农业用水量过大，水资源浪费严重。并且，我国工业发展对水的需求也很大。然而，我国工业用水技术水平较低，水资源的消耗量远远高于国际水平，工业用水过多。另外，我国水资源重复利用较少，很多家庭都没有做到水资源利用，家庭用水量较大，水资源浪费严重。

三、以节水环保促进绿色经济发展的策略

（一）加强对水资源的科学管理

以节水环保促进绿色经济发展是我国环保政策的具体体现，也是我国节水优先政策的要求。为实现节水环保，我国应加强对水资源的科学管理，减少水资源的浪费。为此，我国应积极完善水资源管理的相关法律规定。同时，应根据现阶段的水污染状况和缺水状况完善相关法律，明确水污染的处罚条例，加大对水资源污染和浪费的惩罚力度，做到依法管水。并且，我国应加强对水资源的统一管理，对水资源进行统一规划，引入竞争机制，提高水资源管理效率。另外，应积极制订科学的用水计划，全面实施水资源节约战略，提高水资源的利用效率。

（二）大力开发节水技术

提高节水技术能够为绿色经济发展提供技术支撑，为此，我国应积极提倡技术性节水，推广节水工业和节水器具，积极引用国外先进的节水技术，降低耗水量。并且，我国应重视农业用水的节约，大力发展喷灌和滴灌，改进大水漫灌的灌溉方式。另外，我国应积极改进家庭用水方式，鼓励人员节约用水，洗衣服、洗澡的水用来冲厕所，淘米

的水用来浇花等，减少生活用水的浪费和生活污水的排放。最后，我国应加强对先进节水技术的学习和研究，出台统一的节水标准，开发先进的污水处理技术，实现水资源的重复利用。

（三）提高节水意识

提高节水意识是节水环保的前提，因此，我国应不断提高人们的节水意识，鼓励人们落实节水政策。为此，我国应积极引导人们树立环保意识、节水意识和绿色发展意识，通过电视、广播、网络等媒介向人们宣传节水的重要性，强化人们对水资源的危机感和责任感，激发人们的节水行为。另外，我国应积极将节水工作落实到各单位和各企业之中，鼓励各单位和各企业开展节水活动，培养人们的节水习惯，以节水环保促进绿色发展。

（四）强化水资源的再利用

循环利用是节约水资源的重要措施，因此，我国应积极强化水资源的循环利用，提高水资源利用效率。为此，我国应落实水资源的间接回用和直接回用，通过对水资源进行适当处理，然后用于水产养殖、工业生产、景观娱乐等。并且，我国应积极开辟水源，加强水资源的循环利用，减少污水排放量，降低工业污水的排放。另外，我国应积极推广中水使用，将中水用于浇灌绿化带、厕所冲洗、工业冷却等，避免饮用水的浪费。

（五）加强水污染防治

以节水环保促进绿色发展需要加强水污染防治，减少水污染现象。为此，我国应严抓水污染的源头，避免企业直接排放没有经过处理的有害污水。同时，我国可以利用资金支持、政策要求、技术扶持等政策促进企业治污，加强对工业污水的治理，减少工业污染。另外，我国应强化人们的法律意识，明确节约环保的法律地位，加大对水污染行为的处罚力度，强化企业对水污染问题的重视，进而优化企业的治污行为。

（六）优化水价机制

水资源属于特殊商品，需要人们有偿使用，完善的水价机制能够有效促进节水环保。因此，我国应积极优化水价机制。为此，我国应改变传统的低价水费制度，加快水资源的商品化和市场化，实行分时、分类和分质定价，加强人们对水资源价值的认识，利用经济杠杆作用约束人们的用水行为，减少水资源浪费。另外，我国应采取累进加价、限量供水等政策优化水价机制，从根本上遏制水资源的浪费。

第六节　资源型城市向绿色经济转型

在生产力高速发展的当今时代，绿色经济作为一种高效可持续的经济发展模式，具有重要的战略意义。绿色发展与生态文明是一个国家文明程度的重要体现，而绿色经济、绿色政治、绿色社会以及绿色文化是绿色发展的支柱与保障。如果说绿色政治是绿色发展的向导，绿色社会是绿色发展的后盾，绿色文明是绿色发展的根本，那么绿色经济就是绿色发展的最强原动力。在计划经济和经济短缺时代，我国许多资源型城市长期采取粗放型经济发展模式，作为工业发展的主力军，在我国发展初期对于快速提高经济水平提供了强大的支持，但同时也遗留下了严重的资源和环境问题。随着现在产能效率的提高，很多地区出现了产能过剩的现象，资源供给的重要性逐渐下降，这些资源型城市的经济发展速度严重下滑，城市的发展受到了严重制约。长此以往，这些城市的发展将极大地落后于全国平均水平。面对这些问题，我们需要更多的扶持和引导，促进城市区域间均衡共同发展。因此为了我国长久的可持续绿色发展以及生态文明的建设，资源型经济向绿色经济的转型迫在眉睫。本节对绿色经济的现状及发展进行简要分析后，针对性地提出了一些推进绿色经济转型的措施。

我国作为近年来世界上 GDP 增速最快的国家之一，发展速度令全世界为之瞩目。日新月异的新中国如今已不再单一地执着于经济效益的快速提高，同时更加注重环境保护、生态治理、提高生产效率、健全民生保障、增强文化素质水平等问题。为此，自党的十六大提出科学发展观"统筹人与自然和谐发展"以来，到党的十八大提出了"美丽中国"生态文明建设、党的十九大报告把"坚持人与自然和谐共生"作为新时代坚持和发展中国特色社会主义基本方略的重要组成部分，党中央坚持不懈地贯彻落实绿色发展理念，推进生态文明建设。"美丽中国"生态文明建设作为一项基本国策，在大力发展资源高效利用和环境修复保护工作的同时，也涉及涵盖了城市经济发展转型乃至脱贫等民生问题。绿色经济作为绿色发展建设生态文明的重要组成部分，抓住绿色经济的时代风向是资源型城市从粗放型资源消耗型经济转型为绿色可持续经济的宝贵机遇。从中央到地方，我们应从多角色、多角度、多措施加速推进资源型城市的绿色经济转型，把握时代脉搏，实现"美丽中国"。

一、绿色经济转型的必要性

绿色经济的发展适应着时代潮流,也符合自然运行的规律。当前全球环境正面临着严峻的考验,全球变暖等问题已经不再是简单的研究结果,环境恶化导致的悲剧切实地在全世界范围上演。环境保护迫在眉睫,及时进行环境保护、发展绿色经济是每一个负责任大国的义务与担当。同时绿色经济也是国家长久可持续发展的原动力,只有贯彻落实绿色经济转型,发展经济的同时不以过度资源消耗、环境破坏为代价,进而实现经济与绿色互利互补、正向反馈、循环受利,才是新时代经济快速发展的正确道路。发展绿色经济才能更长久更持续地提高我国在国际市场上的竞争力,粗放型经济乍看一日千里实则后劲不足,更是以未来为代价,得不偿失。因此我们应转变观念,加速发展绿色经济,从资源型城市尽快向绿色经济转型,以政策与法规进行双向约束推动,与地方政府精准落实相配合,才能最终实现"美丽中国"的生态文明建设。

二、资源型城市绿色经济转型的发展现状

虽然在近些年来我国不断引入绿色经济到经济发展体制与规划中,但仍有大量地区难以实现绿色经济的全面转型。尤其是过去以资源型经济为主体的城市,资源型的经济体制长期把控这些地区的经济发展,使资源型经济发展的思想根植人心、粗放型经济的发展惯性巨大,难以扭转。同时资源型城市存在着严重的"路径依赖"与"锁定效应",致使绿色经济转型的进展缓慢,无法彻底实现绿色经济的转型。这些地区的经济发展日趋缓慢落后,同时资源型粗放型的经济发展模式和产品也逐渐被时代所淘汰。在承受粗放型经济发展引发的环境问题,以及资源型经济发展缺乏后劲疲软无力等恶果的同时,也在经济转型的抉择中迷茫停滞、动力不足。因此,对这些地区进行针对性的精准推动与制约,实现绿色经济转型迫在眉睫。

三、推动绿色经济转型的可行性措施探究

(一)完善优化政策法规扶持制约

对于绿色经济转型,党的十八大、十九大等会议已多次强调经济转型以及可持续发展、环境资源保护的重要性,同时中央也出台了许多相关的政策法规以及扶持措施等,推进各资源型城市进行绿色经济转型。但仍潜藏着很多目前的法律法规无法监管到的盲区,存在着很多目前政策扶持无法普及到的角落。如果只是出台强制性范围化的政策法规,难免无法顾及完全,只能是"水过地皮湿"看似全面却实则难以上行下效、真正地

深入改革推动绿色经济转型。如碳税税率与碳排放指标等，各地区城市因经济水平发展程度不同、产业结构相异等因素，都会影响最后的结果。倘若"一刀切"只能招致消极的负面效果，反而于绿色经济转型不利。因此法律政策的出台不仅要从宏观角度去瞻望，同时也要深入基层，从各地实际角度出发，因地制宜，对于欠发达的中西部等地区应有适当的政策倾斜等。同时也可以让当地人民对政策的发布与施行的实效提出切实的意见和建议，真正做到聆听人民需求、保障人民利益的同时，进行环境保护、合理开发、经济转型、地区发展。让人民的权利作为政策出台的导向，成为经济转型的持续推动力。同时加快出台全面科学的法律法规，切实有力地保障环境的可持续发展。运用制度经济学、资源与环境经济学理论等科学理论进行精确客观分析指导，全面了解市场运作体系、产业基础结构、环境根本问题，实现绿色经济结构与政治结构互动。只有科学正确的指导才能成为经济转型的风帆、真正成为生态文明的有力后盾。多元化约束与激励机制并行，政府监管的同时进行精准扶持，才能真正地实现资源型向绿色经济的完全转型。

（二）加强地方政府导向监管力度

地方政府作为地方城市的领导根系，直接把控绿色经济转型的具体执行细节。对于地方政府，在保障环境保护生态建设的同时，应着眼于民生保障、招商引资、教育发展等问题。绿色经济是一种高效的经济发展模式，因此它不仅是资源环境的有力保障，同时也是经济发展的不懈力量。对于人民群众，只有保障了他们的生活经济利益，让他们从绿色经济中收到实惠，从中见到真正的效益和改变，才能让绿色经济转型的思维深入人心。否则，再美的绿水青山，如果没有人民群众的支持维护也只能是空中楼阁，达不到可持续发展的要求。那么如何才能在经济发展的过程中做到绿色发展、可持续发展呢？那就需要地方政府大力进行招商引资，寻求外力驱动。在引进适应当地发展的低消耗低污染的高新技术产业的同时，鼓励本地的资源型高污染企业进行模式创新、技术创新以及生产转型。产业转型是成功进行绿色经济转型的基础齿轮，只有在"外引源、内自改"同时作用下，才能平稳地实现绿色经济的转型。在引进企业以及鼓励企业发展创新的过程中，地方政府更是肩负着把控"力度"的重要责任。不能一味追求速度、追求效益而忽视了环境保护的大前提，走上资源型粗放型经济的老路，同时也要确保城市建设、保障人民生活，做好绿色林业、绿色农业、绿色工业各方面协调平衡、共同发展。一个城市地区长期持续地发展根本动力还是人民群众，要大力引进人才、发展当地教育、争取人才引进政策扶持。当人民教育知识水平提高、生态道德素质水平提高，就能为高新技术产业以及环保生产创新提供源源不断的知识动力与劳动力，同时让生态文明的理念深入人心，为绿色文化的发展打下基础。只有当人民深切地认识到发展绿色经济、建设生态文明是经济快速发展的大前提，才能实现经济与环境的可持续发展。同时，完善城市功能、治理生态环境也是地方政府实现真正的绿色经济转型任务的重中之重。

绿色经济是新时代经济发展的航标，是可持续长久发展的动力，是绿色发展建设生态文明的大基石。为实现"美丽中国"生态文明等目标，我们应贯彻落实十八大、十九大精神，遵循法律法规，善用扶持政策，落实地方责任，尽快实现资源型城市的绿色经济转型。绿水青山就是金山银山，实现绿色经济转型既是人民富足强大的金钥匙、挽救环境危机的保险锁，同时也是中国未来乃至世界未来长久受益的不老泉。

第七节 非公有企业促进绿色经济发展

经过多年的改革，非公有企业已成为我国社会主义市场经济的重要组成部分并且为中国的经济发展带来了蓬勃的动力。绿色经济是符合可持续性发展目标的产业经济，绿色经济的发展与非公有企业之间的关系密不可分。基于我国非公有企业的发展现状以及我国的资源条件、经济环境，本节研究了非公有企业对我国绿色经济发展的积极作用及促进方式——发展绿色产业的产业链、帮助培养绿色科技人才并提供发展机遇与渠道、提升技术创新能力促进环境技术进步、吸引投资者对绿色项目进行投资、助力政府的绿色政策制度。通过对于促进作用的分析找出仍需加强的内容并给出相关建议——区域绿色经济发展协调性需加强、科技人才的管理方式需要创新、非公有企业监管存在漏洞、绿色创新质量及创新氛围尚待加强。

要毫不动摇鼓励支持引导非公有制经济发展，支持民营企业发展走向更加广阔的舞台。据统计，截至2017年底，我国民营企业数量超过2700万家，个体工商户超过6500万户，注册资本超过165万亿元，民营经济占GDP的比重超过了60%。2018年世界500强企业中，中国民营企业有32家企业上榜。然而，非公有企业虽然是中国GDP的重要贡献者，却也是环境污染的制造者，近年来民营企业环境污染纠纷案频发，也存在很多重污染企业未被整改。中国当前处于稳中求进、追求高质量发展的经济新常态，绿色经济发展战略是实现这一目标的必然选择，在十九大报告中绿色经济已经上升至国家战略的层面。"斯特恩气候变化经济学评论"强调气候变化是有史以来最严重的市场失灵，只有全球范围内的经济调整才能避免这个灾难。与此同时，另一个概念——循环经济(CE)其核心与绿色经济一致，其方法为企业实施绿色战略提供了指导。制造企业可以从循环经济再生系统中受益，更有效地利用资源、更好的生态设计、负责任的废物管理、材料的再利用和再循环可以帮助企业和消费者节约成本，并且还可以减少对环境的负面影响。传统高污染、低效能的生产方式以及产品并不符合绿色发展的要求，如何使非公有企业的发展与中国的绿色经济相匹配？如何利用非公有企业的优势与潜力更好地发展绿色经济？研究解决这两个核心问题已经成为当前经济发展的重要任务，这就要求从非公有企业的实际出发，找准企业与绿色经济发展之间的关联方式，从而使非公有企业为绿色经济发展战略提供更加可持续的促进动力。

一、国外理论综述与理论分析

绿色经济、循环经济是近年来世界各国研究的热点，其中有非常多的研究是基于各国不同的经济、政策，进而将关注点放在企业与绿色经济的关联性上。

（一）最受关注的是影响企业选择绿色发展战略的各种因素

Agyemang，M.等学者通过研究循环经济在巴基斯坦的汽车工业中的应用，总结出了主要驱动因素：1.盈利能力、市场份额、利益。2.成本降低。3.商业原则、关注环境、升值以及主要阻碍因素：①缺乏意识；②成本和财务约束；③缺乏专业知识。有北美的学者探讨了在企业社会责任(CSR)的框架下构建绿色管理实践，观察结果表明，战略动机是采用绿色管理的主要原因。还有学者基于澳大利亚昆士兰州中小型制造业研究得出了可持续商业实践的四个关键推动因素(整合的战略、持续的进步、股东参与意向、简化的流程)和六个主要障碍(资金技术和知识的缺乏、时间限制、风险、文化导向、政策等)。根据这些因素这些学者提出了一种强调绿色思维引导力的"可持续商业实践的战略推动者模型"，以指导中小企业有意识地使用绿色战略。关于实施循环经济商业模式的阻碍促成因素的还有欧洲学者对于欧盟企业的研究。其研究得出的阻碍因素主要有：供需网络缺乏支持、缺乏资金、缺乏政府支持、行政负担、缺乏技术知识。而促成因素主要有：公司环保文化、从需求网络中获得支持、关系网络、资金吸引力、认知、个人知识。国家的宏观经济环境也是一项重要的影响因素。根据对法国5877家公司的调查，有学者研究了在经济衰退中企业的绿色战略选择倾向。研究发现仅有少数公司会在经济衰退的情况下采用资源效率策略，而有近半数的公司会在经济状况良好时采用资源效率策略。从这项研究的结果可以看出，宏观经济环境以及公司是否选取成本领先战略是影响企业"绿色选择"的重要因素。根据2018年"欧洲晴雨表"发布的调查数据显示，虽然中小企业的重要股东正在采取行动以获得更多的资源效率，但它们通常不会像大公司那样做得太多，而且企业在施行绿色措施时的考虑点也不尽相同。数据显示，中小型企业通常依赖于自己内部的资源(60%)以及技术专家(58%)。

（二）对于绿色经济的各项支持环节各国的学者也有一定的研究

Bert Colijn 量化了招聘需求以分析欧洲的"绿色工作"情况。研究结果表明，丹麦、瑞士和挪威是填补绿色工作岗位的最高招聘需求的国家，但就业岗位本身的性质差异很大。而且中欧和东欧经济体在创造绿色就业方面落后。统计发现绿色工作岗位仅占欧盟工作总数的 3.25%，因此绿色经济环境下的"绿色社会"转型才处于起点的位置。韩国学者通过对绿色经济支持体系的重要一环——绿色供应链管理（GSCM）的实证研究发现，提高韩国企业绩效的重要途径就是采用绿色供应链管理。正是因为有了一定的规划以及实施力，并且结合了企业合作伙伴的合作与基础设施的整合才会使这一研究得以成功。虽然这些支持因素会对企业造成一定的财务负担，但是经验证明，实施绿色供应链管理对企业的绩效的确可以产生重要的影响。还有学者在关于印度的中小型、大型工业与绿色制造（GM）关系的研究中认为：由中小企业和大型工业组成的制造业被视为绿色增长的"守门人"。"印度制造"计划的实施很大程度上取决于"绿色"概念的传播，中小型、大型工业企业在其中起到了极大的作用。

（三）研究者也关注了绿色经济对企业的影响

克罗地亚学者也探讨过"以中小型企业的经验来分析在当地是否值得绿色"这一题目。调查数据表明，"绿色企业"是可持续和社会责任企业背景下的主要业务领域之一。Baranova Polina&Paterson Fred 两位学者基于对英国东米德兰地区 120 家中小型企业的研究，发现企业的环境能力对降低成本有直接的积极影响。

从上述的国外研究可以发现，在不同国家的不同经济环境、资源条件下企业选择绿色经济发展都能够拥有长期效益，然而促使企业做出这一选择的因素并非都是正向的。由此可见企业与绿色经济发展之间互动关系非常紧密，但已有的文献中从企业视角出发研究"企业如何对绿色经济的发展产生影响"这一问题的学者比较少，大多是研究绿色经济环境或是外部因素对企业的影响。因此从非公有企业这一中国经济的重要组成部分出发，研究其对绿色经济发展战略的影响可以扩展对绿色经济的理解角度，从而帮助企业与政策相配合形成绿色经济战略发展的良性循环。与此同时，从这个方向研究绿色经济还对中国以及国外各企业制定发展战略有实践价值，有助于企业的长远发展。

二、非公有企业与中国绿色经济关联现状分析

非公有企业在国家发展中发挥着重要作用。根据国家统计局公布的数据：2018 年中国国内生产总值（GDP）达 900309 亿元，同比增长 6.6%，非公有企业在其中贡献了很大的力量。而非公有企业对绿色经济产生的直接影响是从四个方面出发的——工作与劳

动力市场、企业技术与服务、企业知识管理、企业与当地政策关联。之所以选择重点分析这四个方面的现状，是因为这四个方面可以较为全面概括非公有企业在绿色经济中起到的各种作用。

（一）工作与劳动力市场方面

在中国经济向稳向好发展的背景下，非公有企业对中国的就业人口有着极强的吸收作用。非公有企业是依据中国市场情况配置劳动力市场，这些企业比公有企业对劳动力市场的供需关系变化更为敏感。而当前中国的绿色劳动力市场需求情况可以根据《2018绿色金融大数据报告：就业，创新与风险》清晰地体现：季节波动大。中国对于绿色人才的招聘存在季节性波动。全年的12个月中仅有前三个月的绿色人才需求较高，其余月份绿色人才在人才市场中的需求情况较为低迷。区域差异大。绿色就业的"第一梯队"是广东与山东，而"第二梯队"城市需求仅为"第一梯队"的二分之一。尤其是北部的一些省份处于"第四梯队"，其绿色人才的需求量相对最少。根据国际劳工组织（ILO）发布的《2018年全球就业和社会展望：绿色就业》显示，如果各国都投入到绿色经济的建设之中，到2030年将会创造2400万个就业机会。基于中国的经济、政策情况，可以将这一报告解读为：如果中国非公有企业积极加入绿色转型的进程中，将会创造更多的高质量的就业机会。具体来说，绿色能源、绿色金融、绿色生产、绿色管理这些新兴的领域需要大量科技人才对其进行技术支持，而建设这些绿色项目又牵涉到了各行各业从基层岗位到高层管理岗位的参与。而且从区域的角度来看，绿色经济发展需要的是城乡共同走绿色道路，即企业不仅仅可以创造城市就业机会，更会为乡村带来很多工作机会，进而可以实现城乡共同发展，减少区域经济差异。

（二）企业技术产品与服务方面

据调查，2018年中国以制造业为主的实体经济部门的状态可以总结为"稳中趋好"。制造业加速转换新旧动能、制造业与科技创新相互融合、先进制造业与现代服务业相互融合，使制造业部门对经济高质量发展的核心支撑作用愈加明显。另外，服务业对经济发展的作用也越来越大，2018年第三产业增加值占国内生产总值的比重为52.2%，对国内生产总值增长的贡献率为59.7%，比上年提高0.1个百分点。根据国家知识产权局于2019年1月发布的2018年中国知识产权统计数据，其中非公有企业在专利的研发与申请上占了很大一部分份额。通过这个数据可以看出非公有企业对高新技术的投入力度很大，而高新技术的发展引领了绿色科技发展，也即非公有企业正在通过加大R&D（研发）投入影响绿色经济的发展。另一方面，根据学者的研究，当前的开拓性公司起到了引领绿色经济发展的作用，这个引领作用是通过对消费者生态行为的影响。Faridah Djellal

和 Faïz Gallouj 在其研究中也强调企业的服务创新可以开拓新的绿色化途径。综合上述几点可以看出，当前非公有企业技术与服务方面与中国绿色经济的关联。

（三）企业知识管理方面

这里提到的知识管理(KM)一方面是基于供应链的协同效应，另一方面是企业之间与企业内部的知识转移与共享。由于资源、知识、技术能力的限制，大多数中小企业正面临例如负面溢出等环境问题。首先，我国的绿色供应链的发展还不够全面，目前仅为重点行业、企业先行尝试绿色供应链的建设。但是当前中国绿色供应链的发展势头良好，并于2018年10月成立了中国绿色供应链联盟。其次，中国关于知识管理的应用比较晚，不论是能够获得更多资源与支持的公有企业，还是对市场动向把握更加灵敏的非公有企业，对于知识管理方面的实践都处于初始阶段，对于这方面的认知也不完全。但是我国企业在知识管理方面取得进步的空间很大，也同时拥有较好的技术基础。在"2018 中国知识管理论坛——新技术环境下的知识管理"论坛中强调中国现在拥有较为优秀的人工智能、大数据技术，因此中国的知识管理发展趋势就是迎合数据时代、合理利用新技术，以此弥补起步晚的缺陷，走上快速高质量的发展道路。最后，根据中国学者的最新研究，减少碳排放知识的交易和分享有助于减少中小企业的碳排放，有助于绿色经济发展。根据国家工商行政管理总局的统计，中国小型微型企业占企业总数的 76.57%，知识共享能够在一定程度上帮助这些处于创新领域前沿的小微企业改善绩效，进而与绿色经济的发展相关联。

（四）企业与当地政策关联方面

目前中国各地区关于发展绿色经济的政策都处于初期试探阶段，绿色企业在制度不确定下面临政策、法律与其绩效实现之间的问题，有学者提出一种确定绿色主动性取向的概念。根据其研究结果表明，政府对绿色转型企业的约束不宜过紧(限制企业发展)，也不宜过松(市场秩序混乱)。当前中国绿色经济处于发展初期，由于当地政策的引导，企业参与绿色转型的积极性远在绿色政策引导之前，于是随之带来了一些新的风险。统计报告显示，2014年初至2017年末共发生了47983起关于绿色企业的法律案件，而且高新技术发展较好的地区此类风险较大。与此同时，2016年的环境违约数量几乎达到了2015年的10倍。从这一数据的变化趋势可以看出，随着绿色经济的发展，政策与相关法律正在逐渐完善，而且可以明显地看出当地政府的约束与引导可以帮助市场维持秩序，保护优质绿色企业发展、淘汰劣质企业以及不良市场行为，这对于企业转型以及经济发展起到了重要作用。

三、当前非公有企业在绿色经济发展中的主要问题

（一）非公有企业生命周期短

非公有企业中虽然有一些较为成熟的大型企业，但是占绝大多数的是规模较小、知名度较小、各方面都不够成熟的中小微型企业。导致其生命周期短的主要因素为：产品结构单一，抗风险能力较差；融资途径有限，政府补贴少；实力较低，设备、管理等方面存在缺陷。而生命周期短这一因素会从两个方面对绿色经济发展产生阻碍作用。一方面企业发展战略倾向于短期收益。由于长期发展情况得不到保障，而企业绿色转型的收益体现在长期，企业决策者会倾向于重视短期收益而选择消极对待绿色转型这一战略。另一方面，企业循环经济模式的建立需要一定时间，不仅仅是决策者不看好循环经济模式带来的益处，而且即便决策者选择了建设循环经济模式也有可能无法在企业负担得起的时间内将之投入运行。

（二）非公有企业管理模式存在不足

非公有企业中有很多企业的经营模式是传统的"家族经营"或者是其他一些不成熟的经营模式，这会造成企业内部管理制度、绩效评估等方面的混乱。这种存在漏洞的管理经营模式会在绿色经济的发展过程中埋下隐患。首先，非公有企业中存在资本集中导致经营者权力过于集中的情况。这会使公司在制定绿色战略时思路不够开阔，对于新的管理方式、技术接纳度不高，同时也会为公司的长期发展埋下隐患。其次，非公有企业创新绿色管理模式难度较大。非公有企业中大多数是中小型企业，中小型企业的特征之一就是营业收入在一定数额之内，相较于成熟的大型企业营业收入，除了用于支持企业的正常运作之外，还需要用于驱动企业的技术创新、产品研发。一旦绿色管理方式转型不成功，则会为企业带来额外的负担，这一负担一方面有可能影响企业的产品创新进度，另一方面也有可能造成企业内部的管理混乱，影响正常的运作。最后，管理模式的不足限制绿色人才创新能力。有缺陷的管理模式不能有效发掘人才的潜力，决策权过于集中使绿色人才的想法难以得到实现，降低企业创新效率，不利于企业实施绿色发展战略。

（三）非公有企业文化建设力度不足

由于很多非公有企业的管理者缺乏管理或者是经济文化的相关知识，会导致企业文化不能够有效引领企业发展。首先，企业文化不够扎根实际。应当注意的是企业文化不是空喊，不是广告，它应该蕴含企业发展的精神。如果企业文化起不到实际作用，那么一方面会使员工缺乏归属感，使员工没有工作责任感，长时间容易造成人才流失。另一

方面，企业文化的影响力小，会不利于绿色精神在企业内部的扎根，而且企业文化起不到消费者与绿色精神之间的纽带作用，影响绿色精神在消费者之间的传播与理解。其次，企业价值观过于功利。很多非公有企业的企业文化里缺少对于可持续发展的强调，而单一地强调市场份额以及生产经营成本，这样会宣扬一些过于追求物质的思想，使企业的社会责任感降低。最后，管理者对先进思想及政策的学习不充分。很多企业在运营过程中仅仅注重技术的培训或者仅仅关注组织氛围的建设，并没有将政策学习纳入关注的范围，缺少对于国家经济政策动态的理解，这样不利于绿色政策的实施，也会对企业的长期发展造成不利影响。

四、非公有企业对绿色经济发展的积极作用及促进方式

依据上一部分关于四大方面现状的整理，可以将非公有企业对绿色经济发展的积极作用以及其促进方式细化为更具有实践意义的五个关键点，非公有企业可以通过实践下列五个关键点来促进四个方面的进步、弥补四个方面现状中的不足，进而起到促进绿色经济发展的作用。

（一）发展绿色产业的产业链

非公有企业发展绿色产业链可以从四个方面促进绿色经济发展。首先是绿色价值链。绿色价值链是绿色产业链的"血液"，绿色价值链帮助绿色生产方式产生的效益与思想纵向传播到每一个环节(设计、采购、生产、销售、物流、消费、回收)，非公有企业的灵活性有助于实现绿色发展战略的全覆盖。其次是绿色企业链。绿色企业链是绿色产业链的"骨架"，绿色企业链中的企业相互竞争中蕴含着相互合作，竞争压力保证了绿色企业的活力与企业质量，合作给予非公有企业多方面的支持，弥补其资源与政府扶持不足的缺陷。再次是绿色供需链。绿色供需链是绿色产业链的"筋肉"。绿色供应链保证了绿色企业物资采购的高效性，为非公有企业节约成本，使绿色战略更有吸引力。绿色供需链保证了绿色产品的物流与销售的高效性，使绿色产品更具有顾客吸引力。最后是绿色空间链。绿色空间链起到连接中国各地区产业链的纽带作用，使各地的产业链相互支持，由点到线成面。这四个方面的合力产生了"1+1>2"的效果，促进企业技术产品与服务方面以及企业知识管理方面的发展，进而促进绿色经济的发展。

（二）帮助培养绿色科技人才并提供发展机遇与渠道

非公有企业拥有较高的人才吸引力以及容纳力，其企业灵活性能为绿色科技人才提供更加广阔的发挥平台。非公有企业对绿色经济具体的促进方式可以总结为三点。首先是人才培养阶段。非公有企业可以利用其在当地的资源与高校进行合作，一方面帮助学

生更好地把握其学习的方向,使学生在学习中保持"眼界开阔",知悉绿色技术的动态,从而增加绿色人才的数量并且提升人才质量。另一方面,非公有企业可以在人才培养的过程中促进当地绿色文明与绿色价值观的传播,给予人才更有力的精神支持。其次是为人才提供实践机会。非公有企业拥有更高的决策可控性,绿色人才在企业中拥有更高的影响力。与此同时,非公有企业的运营灵活性可以更好地应用绿色管理思想,帮助发掘绿色人才的潜力,在促进其成长的同时提升企业效益。最后是提供知识交流渠道。很多外国投资的非公有企业拥有较多的国外先进绿色生产经验与外派交流学习渠道,绿色人才利用这一优势结合自身能力可以更高效地提升专业水平。

(三)提升技术创新能力促进环境技术进步

根据之前的分析可知,绿色经济战略的实施有助于非公有企业节约生产成本,因此非公有企业拥有更多的资金可以投入到技术研发。从另一个角度分析非公有企业的创新动力就是这些企业对于市场风向、政策变动、消费者需求变动比较敏感,为了能使本企业尽可能地抓住发展机会,便会倾向于企业内各方面的创新。另外根据已有研究显示,知识耦合能够帮助企业提升技术以及创新能力。而大多数非公有企业拥有本企业的特色技术,专精于某些特定领域。因此这类企业可以利用其已有的专业技术,结合全新领域的技术创造更大的技术发展空间。非公有企业的灵活性还可以帮助公司战略创新,开拓绿色战略的方向。其原因是很多非公有企业的规模不大,领导与员工之间存在的交流隔阂相对较小,这种情况下如果企业决策者意图创新企业发展战略,则新的战略思想在融入企业的"磨合"过程中信息反馈会比较及时,调整速度较快,能够在一定程度上减少所需的时间投入。综上所述,非公有企业可以利用其优势,从时间、资金方面提升创新效率,进而提升绿色经济战略的可实现性。

(四)吸引投资者对绿色项目进行投资

从文化的角度来看,非公有企业一般依托于当地自然环境、区域政策的独特优势发展,因此企业会受到当地文化比较大的影响。中国各地区的传统文化或多或少都会涉及自然与人之间的和谐目标,这一目标正与绿色经济的核心思想相契合,进而促使当地企业转型升级,将更绿色的思想融入企业之中。企业与当地特色文化相融合可以帮助投资者更好地理解绿色精神与企业的绿色战略,从而吸引更多当地投资者对绿色项目进行投资。从企业竞争力的角度来看,投资者在投资时最关注的就是企业的未来收益,而企业的绿色生产战略会提升企业的长期竞争力。当企业选择绿色战略时,也在无形中向投资者释放了投资信息,即该企业一方面拥有较高的社会责任感,产品及服务的质量可以保证,另一方面企业拥有成本控制的优势,拥有较高的竞争力。另外这一信号还会告诉投资者该企业的发展战略是长期的、符合经济发展趋势的，拥有较高的稳定性与可持续性。非公有企业通过上述角度吸引了投资者的投资意向，长期可以带动投资者的绿色投资趋势，给绿色经济的发展提供更持久的动力。

（五）助力政府的绿色政策制度

有关研究表明，中国的地方官员拥有极高的能动性，是中央政策执行、资源配置及微观企业行为的关键参与者。即地方政府的政策实施对当地各项发展有着重要的影响，进而也会对绿色经济发展战略起到较大的作用。而当地的非公有企业与地方政府关联较为紧密，因此非公有企业可以通过如下三种方式帮助政府的绿色政策向着可持续的方向发展。首先，非公有企业可以帮助当地政府更高效地实践绿色政策的创新。相对于政府机构，非公有企业对于市场的动向更加敏感，并且产品作为企业与消费者之间的交流纽带，能够将民众的需求更加真实地反映出来。因此，非公有企业可以更高效地收集相关信息反馈给相关政府机构，以此提高政府机构收集信息的效率与效果。其次，有代表性的非公有企业可以作为地方政府的政策试点。政企合作对创新政策进行有针对性的、易控制与研究的实践，以此方式降低政策创新成本、提高创新成功率。最后，非公有企业与地方政府的沟通交流可以实现两者的发展目标一致化，减少因误解而产生的摩擦，有效提高创新政策的实施力与影响力。

五、优化非公有企业，促进绿色经济发展的相关建议

（一）加强区域绿色经济发展协调性

协调性加强的方式主要可以从三个方面出发。首先是利用区域优势。各区域应利用其地缘优势、资源优势，结合当地非公有企业特色打造新的经济增长点。同时可以通过各项宣传平台吸引数量更多、种类更丰富的非公有企业进入此区域，提升当地特色产业的丰富度，从而实现区域发展的"扬长补短"，以提高各区域间的协调性。其次是加强区域间的政策交流、文化交流，利用跨区域绿色产业链实现区域间的高效知识管理、知识共享。可以组成相邻区域的绿色联盟，集合力量共发展、信息分享高效率，由此避免区域间恶性竞争、减少资源的浪费。最后是相邻区域间沟通合作以及不相邻区域间的定向合作。相邻区域间创建产业园区，实现优势互补、促进形成产业集聚区，减少各城市间的"污染避难所"现象。不相邻区域间可以组成绿色技术互助班组，使优势区域的成功经验有更多的实践空间，帮助相对弱势区域快速发展。

（二）创新科技人才的管理方式

成本控制是所有非公有企业极为关注的因素，只有较低的成本控制，才有足够的吸引力驱使企业进行绿色人力资源管理方式的尝试。然而传统的成本管理对新兴绿色人才管理方式的评估结果不能体现该方式的特色以及优点，正因如此，对于人才管理成本及有效性的评估方式应该依据经济发展情况进行更新。另外，规模较小的非公有企业大多采用传统的管理方式，甚至没有一套适合该公司的人力资源管理系统，这就需要去探索适合该公司战略发展的人才管理方式。但要注意的是，管理方式的变革不是一蹴而就的，也不是某个单一方面进行改变。引入新型管理方法需要长时间的融入过程，也需要对公司管理的各个管理维度进行渗透，进而才能真正地融入公司，使管理方法能够"因地制宜"。因此为了能更好地创新管理方式，需要在本公司内进行长期的摸索，参考已有的国外或者国内其他公司的绿色人力资源管理经验，在创新管理方式的时候注重反馈与调节，用动态的方式不断寻求"更优解"。

（三）弥补非公有企业监管存在的漏洞

监管起到的作用一方面是避免企业不利于绿色经济发展的实践，另一方面是引导绿色经济发展方向。这里所说的监管一方面是外部的，需要结合市场以及当地政府的力量。具体的监管方法有很多种，比较系统性的方法就是建立绿色企业及绿色项目数据库与信息平台，参考国内外成熟的绿色企业绩效及征信评价准则结合当地情况加以调整，对当地企业进行合理评估，并且及时更新相关信息。这种监管方式透明度较高，便于投资者寻找高质量绿色项目，同时有助于绿色企业吸收投资、提高知名度、优胜劣汰。从长期的角度出发，这种方式可以帮助当地政府提高管理效率，有助于绿色经济的高质量发展。监管的另一方面是非公有企业内部的监管，需要企业内部各级管理者以及各部门员工共同参与到公司的建设之中。企业员工要加强对于绿色经济内在精神的学习，了解相关知识，并将循环经济模式应用于企业的发展中。

（四）提升绿色创新质量及创新氛围

随着知识产权的意识加强，非公有企业的创新意识也得以提高。但是创新不能只看数量，创新的质量以及创新氛围才是保证可持续创新的"源头活水"。一方面，创新质量的提升主要取决于科技和思维。科技是创新质量的基础，思维是创新质量的领航，因此各区域非公有企业应当积极利用"一带一路"以及"互联互通平台"的优势，学习、引进先进科技，开阔创新思维。另一方面，企业创新氛围的加强可以从企业文化方面出发。企业文化的桥梁作用在一定程度上连接了区域文化与绿色思想。由于受到区域文化影响，生活方式的"绿色化"能够提供当地企业绿色创新的驱动力以及创新方向，生产方式的"绿色化"则有助于创新氛围融入当地企业。"一方水土养一方人",区域文化、习俗对于生活与生产的影响渗透力强、影响深远,借助当地文化产物、结合当地政府政策措施,能够最大限度地提升绿色创新质量以及创新氛围的影响力。

由对现状的分析精练出非公有企业促进绿色经济发展战略的方式,这些促进方式可以更有条理地体现非公有企业与绿色经济的关联性。习近平总书记强调:"公有制为主体、多种所有制经济共同发展的基本经济制度,是中国特色社会主义制度的重要组成部分,也是完善社会主义市场经济体制的必然要求。"绿色经济发展战略的成功离不开非公有企业在其中发挥的作用。当前正处于绿色经济发展的关键时期,也是各项绿色实践走向成熟与正规化的初期,其间存在着各方面的机遇与挑战。应当充分发挥非公有企业的优势,把握机遇应对挑战,进而使绿色经济更好更快更持久地发展。后续的研究应该更区域化,基于已有方向结合区域实际情况进行细致化分析,从而使非公有企业对绿色经济发展战略的促进作用更加因地制宜、切实可行。

第四章 现代循环经济的理论与发展

第一节 循环经济的概念

关于循环经济概念的争论这些年从未停止过,有的学者认为循环经济是全面模仿自然生态系统的物质循环机制和能量梯级利用规律而重构经济系统,使经济活动的环境影响和寿命成本最小化、价值最大化,从而以最低的资源和环境代价实现经济与环境的协调发展的技术经济模式,可以分别从资源经济学、环境经济学、生态学、系统论、经济学的角度来理解。但是不免有否定和质疑的声音,认为循环经济是一个伪概念,并不像它所宣称可以促进经济与环境双赢。

一、循环经济概念的产生和发展

循环经济思想产生于20世纪60年代,是由美国经济学家波尔丁提出的,是指在人、自然资源和科学技术的大系统内,把传统的以资源消耗型为主的经济增长模式转变为依靠生态资源循环发展的循环经济。他的"宇宙飞船经济"是其主要的代表理论。然而最先明确提出循环经济一词的却是英国经济学家戴维·皮尔斯。循环经济作为实践性概念开始并取得效果都是发生在20世纪90年代以后的德国与日本。20世纪90年代末,我国开始使用循环经济概念和理论。

二、循环经济概念的争论

在全球人口剧增、资源短缺、环境日益污染和生态破坏严重的情势下,人类开始重新理性地认识自然界、尊重客观规律、探索经济规律,循环经济即是此大环境下的产物。我国自20世纪90年代后引入循环经济,但关于循环经济概念的争论从未停止过。

既有肯定说,认为循环经济是一种生态经济,要求运用生态学规律指导人类社会的经济活动,而非以往的是一种忽视生态价值的机械规律[19]。但也有学者否定循环经济,

---

[19] 丁·威茨曼.分享经济——用分享制代替工资制[M].北京:中国经济出版社,1986.

从物理学的相关理论（热力学第一、第二规律以及耗散理论）出发，认为物质从"高熵"转入"低熵状态"过程中，人工的推动会加速能量的消耗，会加快环境的熵增。在这样的情况下，由于技术和经济条件的限制，很难让所有物质完全得到循环利用，许多也不得不降解使用。得出结论，"要建立循环经济，无论从理论上看还是从实践上看，目前尚难成立"而应代之以"建立节约型经济系统"。除了否定的、肯定的主张，有的学者认为清洁生产法与循环经济法可以相互替代，认为单纯地从立法的经济性来看，这种替代似乎是必要的。

三、循环经济概念的分析

结合笔者的学习过程，我认为循环经济并不是一个伪概念，主要从以下几个方面进行论述。

（一）对于循环经济我们先做语义分解

"经济"在《辞海》中的主要解释有三种，在循环经济界域，认为经济是指"经济活动，包括产品的生产、分配或消费等活动"，"循环"，辞海中的解释是"顺着环形的轨道旋转。比喻事物周而复始的运动"。从语义上讲，最基本的循环经济概念是指"经济活动，包括产品的生产、分配或销售等活动顺着环形的轨道运行"。

（二）循环经济的本质特征

由于各自的认知和立场差别，学界持认同观点的学者们在界定循环经济概念时也存在诸多差异，大致分为以下三种观点：1.经济发展运行模式论，以曲格平教授、诸大建教授为代表，认为循环经济是一种以改变过去高消耗、高排放传统线性经济为目标的新的经济发展模式，是针对过去工业化改造运动以来造成严重环境问题反思后根本性变革，以减量化、再利用、资源化为原则，突出物质在生产、消费、再生产过程中的闭环流动，最终实现生态系统与经济系统协调适应。2.经济活动过程论，是坚持在可持续理念下实行对废弃物合理利用，强调在这一经济活动中以清洁生产的方式为抓手，给予技术上的支撑。3.将垃圾变废为"宝"，认为废弃物是放错了的资源，需要将污染从生产的源头拓展至全过程，并在最终的输出环节进行无害化处理，最终达到经济增长与环境保护双赢。

综合以上各种观点，我认为循环经济是与传统经济相对应的，在可持续发展战略下实现人与自然以及人与人之间和谐相处的经济增长模式。它与可持续发展内涵目标一致，强调在3R原则下的物质闭环流动型生态经济形式。有其本质的特征：1.新的系统观。循环经济注重的是系统性、整体性的运作方式，涉及社会生产、消费以及再生产的各个领域环节。2. 新的资源观。在人类利用资源进行生产发展经济过程中，需要充分考虑自然生态系统本身的承载能力，不能任其毫无节制地伤害大自然，提高资源利用效率，在此基础上，相比于过去的粗放型经济发展，需要更多关注代际与代内发展。3. 新的效益观。不仅要求带来环境效益，还要求经济效益，实现双赢局面。

在与传统经济发展模式比较的过程中，我们可以明确循环经济对于人类发展的重要意义，也从另一个方面向我们展示了循环经济作为新兴发展模式，从发达国家引入我国后具有极强的生命力，是有其独有的特征的。

（三）循环经济的基础理论

循环经济理论是由生态经济学理论、环境资源经济学理论、持续发展经济学理论等构成。

1. 生态经济学理论是站在全球生物圈的视角看待人类社会经济系统的，它只是其中一个子系统，与生物圈其他子系统相互依赖和协同进化。生态经济学理论认为，经济发展应遵循生态学的主要规律。

2. 环境资源经济学理论包括环境经济学理论与资源经济学理论，分别进行环境变化研究、环境价值研究、环境政策研究；以及代际平等、有效跨期分配、人与自然的和谐及协同进化、效率与公平的兼顾等的研究。

3. 可持续发展经济学理论认为，经济发展成本分析是基础，其他可持续发展理论都建立在这一理论平台之上，应把发展应是无价的以及当代人有能力事先知晓自身行为后果的递延作为可持续发展经济学理论的逻辑起点和视角。

循环经济是一种存活于如今环境保护与经济增长矛盾日益凸显的大背景下，并非物质的完全利用（循环作广义理解），我们应看重它对于环境保护的积极作用，很大程度上是可以实现环境保护与经济增长的双赢局面，对于代内与代际的发展具有重大意义，并不是一个伪概念。

第二节 我国循环经济的实践与探索

循环经济实质上是一种以经济、社会、政治、文化、生态五维整合发展为前提，最终实现人与自然和谐相处的经济发展模式。资源短缺、生态失衡已成为当今世界面临的突出问题之一，因此发展循环经济被提上日程。经过这些年的发展，我国循环经济实践已经取得了一定成绩，但是依然存在诸如制度不完善、技术欠缺等问题。为了进一步推动循环经济的发展,我们应该在更高的层次上探索循环经济的发展路径。通过政府"生态转型"、发展循环型企业以及树立可持续消费观,促进循环经济的发展,实现经济、社会、生态三者效益的统一。

一、对循环经济的重新审视

(一)循环经济的社会功能

发展循环经济有助于实现社会公平和扩大就业。首先,自然资源作为社会公共品,它的配置公平问题成为社会公平的突出问题。资源配置的公平不仅包括群体间、地区间、国家间的横向配置公平,还包括代际间的纵向公平。通过发展循环经济,减少资源消耗、提高资源利用率,才能有效地解决资源配置的不公平问题。其次,发展循环经济为促进社会就业提供了现实可行的重要路径。循环经济不同于传统经济,它要求对既有的产业结构进行升级,对现有的关联产业也提出了以实现生态效益为前提的重新排列组合的要求,对企业从投入到产出都提出了更高的符合生态规律的要求。这些要求并不意味着限制的增多,而是催生了更多新型产业和企业,提供了更多的契机,为创业和就业提供了更大的空间[20]。

(二)循环经济下的政府职能

在发展循环经济的过程中,政府的作用可以归纳为三点,即引导、支持和规范。第一,政府的引导作用体现在:政府引导社会投资方向,引导各类金融机构为发展循环经济项目提供贷款支持;政府通过绿色采购行为,引导全社会的发展模式和消费模式转变为符合生态规律要求的模式;政府通过宣传和推广,引导全社会价值观、发展观实现转变。第二,政府的支持作用体现在:为循环经济的发展提供政策支持和制度支持。政府提供各种政策支持,通过财政、税收手段鼓励企业的生产运营活动实现资源节约和废物循环利用,完善可再生资源和自然资源的价格形成机制;政府作为制度供给者,通过在制度创新方面发挥直接承担者和主导者的作用来解决循环经济制度供给不足的问题。第三,政府的规范作用体现在:政府通过完善循环经济的相关法律法规,明确各行为主体的责任和义务并规范市场,为循环经济的发展提供沃土,同时对触犯相关法律法规的主体实施惩罚,以规范各方的行为。

(三)循环经济的运行机理

循环经济在物质循环的表象下进行着价值循环,利润大于零依然是循环经济价值链

---

[20] 周泽炯,胡建辉. 基于Super-SBM模型的低碳经济发展绩效评价研究[J]. 资源科学, 2013, 35(12): 2457-2466.

的形成前提及其发展的内在驱动力。经济运行中价值链运动过程可以概括为三个阶段，即"价值投入—价值物化—价值实现"。价值链的伊始是价值投入阶段，即投入各种资源（物质资源和人力资源）；第二个阶段是价值物化阶段，通过对投入资源的合理利用和开发，将自然资源的价值转移到新产品中，将劳动力价值物化在新产品中；第三个阶段就是价值实现阶段。循环经济的价值运动过程同样也要经历这三个阶段。但是在这个价值链运动的过程中，传统经济只追求价值的单一循环，而循环经济则以生态规律为基础，旨在实现价值循环和物质循环的统一。循环经济的物质循环过程是指在产品开发、设计、生产以及消费等各个环节实现资源"从摇篮到摇篮"的循环利用过程，从而达到资源节约、污染减少、生态保护的目的。

（四）循环经济下的文化诉求

文化会对经济发展产生能动的反作用：一方面，先进的文化会促进社会经济的进一步发展；另一方面，落后的文化则会抑制经济水平的提高甚至会强化它的落后状态。

文化领域对人与自然关系探讨的不同结论，体现了不同的价值观和生态伦理观。中国人自古以来就重视人与自然关系的和谐，"天人合一"思想便是最好的体现。所谓"天人合一"，即人与大自然的合一。先贤智者的诸多作品（诸如《庄子》《易经》《孟子》等）中都表达了"天人合一"的思想。西方社会也重视对人与自然关系的研究，他们从伦理道德的角度来看待人与自然，无论是生命中心主义还是生态中心主义，都承认自然的内在价值，并且将人类的道德关怀延伸至整个自然界。

如何看待人与自然的关系，对经济社会发展模式的选择起着至关重要的作用。因此，要发展循环经济，只有在全社会建立起与其相适应的价值观和生态伦理观，在观念上意识到人与自然关系和谐的重要性，才能进一步正确指导实践，使循环经济真正发展起来，人类社会才能真正实现可持续发展。

（五）循环经济与生态修复

生态系统自身具有整体性、循环性、再生性的特点，它通过"生产—消费—分解—再生"的循环过程以及自我调节机制，实现物质循环并使自身处于一种动态平衡中。传统经济只注重经济系统内的增长，大量地向自然界索取资源、肆意地向自然界排放废弃物，导致生态系统的"生产—消费—分解—再生"循环运动链条断裂，对生态环境造成了严重的难以修复的破坏。

循环经济一方面通过经济系统内部循环实现资源节约、废弃物减少，把经济增长对生态环境的影响控制在生态系统的承载范围之内，从而减少对生态系统的破坏，实现生态的良好发展；另一方面循环经济致力于实现更高层面的目标，即通过协调经济系统和生态系统，在两个系统间建立起"生产—消费—分解—再生"的链条，实现经济系统与生态系统的协调发展。

通过以上五个方面的分析，我们可以知道，循环经济实质是一种实现经济、社会、政治、文化、生态的五维整合发展，最终实现人与自然和谐发展的经济发展模式。

二、发展循环经济的实践经验

企业必须将其经营目标由传统的追求利润最大化转变为以实现经济、社会、生态三者效益统一的目标，而要实现这一目标的转换，企业就必须选择循环经济的发展模式，转型成为循环型企业。一方面，循环型企业重视减少资源投入，提高资源能源的利用效率，这可以降低企业生产运营成本，以更少的资源投入获得更大的价值，有利于提高企业自身的竞争力；另一方面，循环型企业不仅要遵循市场经济规律，还要遵循自然生态规律，其工艺流程要符合生态经济系统的规律，实现"资源—产品—再生资源—绿色产品"的循环。发展循环型企业，就要求关联产业进行以实现生态效益为前提的新的排列组合，必须致力于产业结构的优化升级，这也与经济新常态下的发展路径相一致。

我国循环经济实践起步较晚，20世纪90年代末才开始引入循环经济这一概念。21世纪初，循环经济理念在我国逐渐受到重视，学界掀起了研究循环经济的热潮，发展循环经济也被提上了国家长期发展规划的日程。当然这个时期的循环经济主要还是停留在理论研究上。从2006年开始，我国大力推行循环经济试点，随着2009年《循环经济促进法》的颁布和实施，我国发展循环经济的实践全面展开，在辽宁、山东、江苏等多省进行循环经济试点并逐渐发展壮大；同时，借鉴德国和日本的实践经验，重视提高工业废弃物的回收利用效率，在多地建立了工业园区和农业园区，在废弃物循环利用和清洁生产方面取得了明显成效。虽然这些年我国发展循环经济已经取得了一定的成效，但是依然存在着诸多问题：第一，对循环经济认识还不够充分，对循环经济的理解过于狭隘；第二，发展循环经济的法律法规和运行机制尚不完善，相关权责尚未明确；第三，目前仍然缺乏符合我国国情的循环经济技术支持体系，相关技术有待开发。这些问题都严重制约了我国循环经济实践的进一步发展。究其深层次原因，是因为我们将循环经济的发展只局限在经济领域内，而忽视了循环经济与其他系统的关系，忽视了循环经济实质上需要在经济、社会、政治、文化、生态五维整合的格局下发展。因此，发展循环经济需要全社会方方面面做出相应变革，应该以经济、社会、政治、文化、生态五维整合的视野探索循环经济的发展路径。

三、我国发展循环经济的现实路径

（一）政府的"生态转型"

政府作为政治体系的核心，其职能的有效发挥在循环经济的发展过程中起着举足轻重的作用。因此，政府应该充分发挥引导、支持、规范的作用，引导经济的正确发展方向、提供循环经济所需政策制度支持、规范市场各方主体行为，才能进一步推动循环经济良性发展。那么，政府怎样有效地发挥其职能呢？发展循环经济的现实路径之一就是实现政府的"生态转型"。

政府的"生态转型"是指政府在开展工作时，要在生态优先的价值目标指引下进行生态管理，实现社会、经济、生态三者效益的统一。生态优先作为价值目标，是指政府应重视环境保护和保持生态平衡，在社会、经济、生态三者效益发生冲突时，以不损害生态效益甚至优先考虑生态效益为前提开展工作；在实际工作中，通过绿色采购行为和投资引导等对经济发展方向做出正确指引，通过财政税收手段、制度创新等为循环经济的发展提供政策和制度支持。生态管理是指在国民经济发展的总体规划中考虑生态环境代价，构建绿色GDP核算体系（即政府的绿色绩效评估体系），把资源环境成本和收益纳入这一核算体系，以弥补传统政府绩效评估体系和GDP核算体系的不完善，强化政府在环境监管方面的应尽职责；同时，完善循环经济发展的相关法律法规，明确各行为主体的责任和义务、规范市场和各方行为，从而实现经济稳态增长、社会持续进步以及生态可持续发展的目标。构建绿色GDP核算体系，也有助于改变一些领导干部的政绩观，避免领导干部为了追求政绩，盲目地实现GDP增长而为此付出沉重的生态环境代价。

（二）发展循环型企业

发展循环经济，企业作为经济发展的微观主体，就要改变传统的生产经营方式。因此，发展循环经济的现实路径之二是发展循环型企业。转变生产方式是企业承担社会责任的应尽之责，同时也是为了顺应时代发展要求，避免被激烈的市场竞争所淘汰的必然之举。

面对国家节能减排的号召以及资源形势严峻的现实，控制系统也逐年呈现出自动化的过程。目前我国电气工程主要应用DCS控制系统并采取集中控制手段，是控制系统自动化的典型代表。DCS系统意为分布式控制系统，它以微处理器作为基本元件以控制功能分散、显示操作集中、兼顾分而治之和综合协调为设计原则，具有数据获取、直接数字控制、人机交互以及监控和管理等功能。与以前的传统式控制系统相比，它是一种更加高级的、完善的控制与管理系统。集中控制系统是将各种信息统一放入一个处理器的综合运用的技术手段。这种处理目前还存在着一些缺陷，需要继续完善和提升。

在产品设计方面，循环型企业应尽量设计减少资源消耗或可回收利用的产品；在生产过程中，采用清洁生产和绿色制造工艺；在成本—收益计算方面，应将环境成本和生态收益纳入核算体系，通过在成本中计入生态环境价值来计算产品的绿色价格，将生态约束内化为企业的成本约束；这种包含生态价值的成本计算，也就降低了进行生态监管的各种成本，进一步实现节约。

（三）转变消费模式和消费观念

消费既是经济活动的起点，又是经济活动的归宿。消费作为经济运行中与生产同等重要的核心环节，消费者的行为和价值观对经济发展的作用不容忽视。发展循环经济，消费领域也应做出相应转变。因此，发展循环经济的路径之三就是转变消费模式和消费观念，在全社会树立起可持续的绿色消费观。应当指出，当前盛行的"消费主义"与循环经济发展背道而驰。所谓"消费主义"，是一种将消费作为人生追求目标的价值观，这种消费观必然会造成资源的浪费和整个社会发展的不节约、不经济。发展循环经济就应当摒弃盲目的消费主义，而代之以可持续的绿色消费观，进行绿色的、适度的消费，使消费不仅能满足当代人的需求，而且不危及后代人的发展。这种可持续的消费观的建立，也是一种尊重自然、保护生态、以实现人与自然关系和谐为主旨的生态伦理观的体现。发展循环经济，需要社会各个领域发生变革。发展循环经济，不应将目光只局限在经济领域，而应在经济、社会、政治、文化、生态整合统一的视野下来探究循环经济的发展路径。通过政府"生态转型"、发展循环型企业以及转变消费观，促进循环经济的发展，实现经济、社会、生态三者效益的统一。

第三节 大力发展循环经济难题与对策

随着我国经济的迅速增长，我国在大力发展经济的同时，难免会犯片面性的错误，过于追求经济发展和繁荣，而忽略了对我国资源存量的保护性利用和对环境承载力的考虑，这导致我国资源出现短缺化、环境出现极度恶化等问题。因此，在这样岌岌可危的情况之下，我国大力发展循环经济成为促进我国经济发展、保护我国环境的当务之急。但是，循环经济作为一种新的经济发展模式，我国在发展的同时毫无疑问会遇到一系列障碍性难题，本节就是对我国循环经济发展所面临的难题进行探究，并提出了解决对策。

一、我国发展循环经济所面临的主要难题

(一) 缺乏行之有效的发展循环经济的保护制度和政策

目前,我国所存在的制度性障碍是促进我国循环经济大力发展的主要难题之一,我国并没有制定行之有效的奖惩机制来制约和引导人们学会保护资源和环境,基本上还是依靠道德来约束人们的行为,而道德有的时候对于人的约束是有限度的,并不能够有效地达到保护环境、节约资源的目的。同时,由于社会主义市场环境下,企业之间的竞争愈发激烈,很多企业为了获得良好的市场占有率和可观的经济效益,企业之间出现了过度竞争的现象,甚至很多企业为了私利,假冒伪劣,浪费资源,部分企业经常会出现过度包装产品和使用一次性包装产品的现象。这些行为都不利于循环经济的发展,因为根据国家包装技术标准要求而言,作为产品的外包装,其价值不允许超过产品售价的20%,但是我国很多产品的外包装价值已经远远超出国际包装标准的要求,甚至有的外包装价值已经超出本产品售价的30%左右,这种过度包装的行为背后所隐藏的问题就是对于资源的极大浪费。除此之外,我国在发展循环经济的同时,在税收制度方面也存在一定的问题。其具体表现就是我国在加入世界贸易组织之后,经济获得高速发展,国际贸易往来越来越频繁,但是与此同时我国却并没有根据经济发展的状况制定能够与国际相接轨的税收政策。在这里我们举一个典型的例子来说明,国外对于废旧轮胎早已实现循环无偿使用政策和免税政策,但是在我国不仅无法达到这一要求,其税率还要远远高于其他行业的税率。这种税后政策的滞后性,对于循环经济的发展十分不利[21]。

(二) 缺乏健全的法律制度和法规

目前,我国关于促进循环经济发展的法律制度还不健全,存有的漏洞还比较大,这极其不利于促进我国循环经济的发展。并且,关于如何促进循环经济发展的法规条例比较少,现存的法规条例所规定的内容具有很多的不清晰和不合理之处。这种模糊性的概念导致很多经济比较落后的地区为了促进本地区的经济发展,不惜以损坏环境、浪费资源为代价。另外,我国各地区的政府和执法部门在执法过程中也有疏漏之处。因此,健全我国的法律法规是发展循环经济的必经之路。

(三) 传统思想观念的影响,对循环经济的认识不足

目前,我国在发展循环经济的过程中还存在思想上的障碍。首先,人们的消费观念不正确,存有暴发户的心理,部分人总是想通过金钱购买更多的产品证明自己的优越感,而忽略所购买的产品对自己所产生的实际效用。在这种不正确的消费观念影响下,无形

---

[21] 宋晓华. 基于低碳经济的发电行业节能减排路径研究 [D]. 华北电力大学,2012.

之中就造成很多的浪费。因此，作为消费者对于资源浪费和环境污染必须要负有部分责任。其次，我国民众受到传统经济模式的影响，对于循环经济的认识不足，人们的思想观念没有发生改变，没有意识到节约资源、保护环境的重要性，也就无法从行为上对自己进行约束。

二、我国大力发展循环经济的对策

（一）建设行之有效的制度

我国想要大力发展循环经济，就必须要积极建设行之有效的制度，也就是要以循环经济的发展要求为中心，建立与之相匹配的能够促进循环经济发展的各项制度，进而促进循环经济的发展。对于循环经济的发展，要将生态环境和资源作为首要考虑的前提，明确生态环境、资源以及经济发展之间的关系。在明确问题之后，再进行相应的制度建设。首先，建设激励机制，我们发展循环经济的最终目的是为了既能实现经济增长的目标，又能实现保护环境、节约资源的目的。这就要求政府先做好政策导向工作，将发展循环经济作为政府关注的重点问题，并给予一定的优惠政策支持，如直接投资、政府补助、给予贷款支持等政策，形成促进循环经济发展的激励机制。其次，建设环境保护机制。这就需要完善与循环经济发展相适应的宏观管理体系，然后在此基础上政府和市场相互结合，构建新的环境保护机制。既要对资源的开发使用进行严格管理，如明确规定资源勘察和开发的条件、对资源的使用方式进行合理利用与安排，还要综合考虑到经济效益、环境效益和社会效益三者之间的关系，促进三者之间的良好循环。最后对于我国的税收政策也必须要积极地进行改革，要进行相应调整，使其跟上循环经济发展的脚步。第一，对于一些归属于循环经济型的企业要实施一定的免税政策和政府补助；对于资源税制度进行适当的调整等。第二，完善我国的关税政策，对于一些污染比较大、消耗能源比较严重的产品提高其出口关税率。

（二）构建完整循环经济的法律体系

在我国想要大力发展循环经济，必须要完善其法律制度，为循环经济的发展提供法律支撑。我国循环经济法律制度的完善可以在结合我国国情的基础上，再借鉴一些西方相关的法律制度。而在完善法律体系的过程中，尤其要以明确循环经济主体责任为核心。首先，明确政府责任，也就是说要制定相应的法律法规，将生态环境作为资源归属到政府的公共管理之中。其次，明确企业责任，尤其是要强调企业在污染物排放方面的责任，明确企业对于废弃污染物的处理、资源循环利用以及环境保护方面具有不可推卸的责任。最后，明确社会公众的责任，明确公众享有知情权和监督权等。作为公民要知道自身有权利了解自己是否处于一个健康的生活环境中,一旦发现问题,公民可以对排污企业进行举报,以此来保证自己的合法权益。在明确责任之后,就可以从以下两点对法律体系进行完善了。第一点,我国要对宪法进行修订,将循环经济的发展和保护环境的相关内容归入到宪法之中。第二点,对于现存的循环经济法方面的相关法律进行归纳、整理和修订,制定一部相对比较完善的循环经济法律。

(三)创新思想观念,充分认识到循环经济的重要性

我国想要大力促进和发展循环经济,不仅仅需要依靠政府的倡导和企业的自我约束,也更加需要广大社会公众的积极参与。而想要改变人们传统的思想观念,让人们积极参与到循环经济当中来,首先必须要积极开展关于循环经济的宣传和教育工作,让社会公众充分意识到发展循环经济、节约资源、保护环境对于自身的益处,当循环经济的概念深入人心之后,社会公众自然而然就会将其转化为行为,进行资源节约、环境保护等工作。例如可以通过在教材中深入循环经济、资源节约、环境保护等内容,影响到学生,进而让学生影响到家庭、扩展到社会。还可以通过大众传媒等方式,通过电视、网络、公益广告等媒介方式传播循环经济的理念,潜移默化地影响到每个人。其次,改变社会公众的不良消费心态,让其消费观念变得正确和健康,积极倡导绿色消费观,使人们自觉意识到保护环境、节约资源的重要性。例如在日常生活中,鼓励人们购买耐用性产品,尽量避免购买华而不实、包装严重超标的产品。鼓励每个人做好节约水电、废旧物品二次利用的工作。

(四)建立与之相匹配的社会发展机制

为了避免社会发展机制影响到循环经济的发展,必须要建立与之相匹配的社会发展机制。第一,中央政府要将关于循环经济的发展政策贯彻实施下去,加大其执行力度,要求各地方政府必须积极配合工作,不得推诿躲避,促进循环经济又好又快地发展。第二,地方经济部门和地方环保部门协调好二者之间的关系,这两个部门作为发展循环经济的重要部门,必须要紧密配合、互相促进,才能够让循环经济发展工作顺利开展。第三,企业提高内在动力,实现技术创新。

21世纪的今天,我国发展循环经济已是必然的趋势,为了让人们生活在蓝天下,让我们的生活质量更加有保障,我国必须克服重重阻碍,大力发展循环经济。

第四节　财税政策扶持循环经济发展

传统经济一般呈现线性特征，循环经济作为新理念支撑下的产业模式，因其对资源的高效利用而成为发展经济的优先选择。本节基于对现行财税扶持政策的调研与分析，提出促进循环经济加快发展的财税政策调整方向，以期为财税决策提供参考。

一、内涵限定：循环经济的优势

循环经济作为新型经济模式和产业架构，其重点是在资源集约利用理念的指引下，对传统商品形式与商业模式进行全新布局，以资源的链式应用和对环境的友好循环利用为核心特征而形成的一种经济发展新思维。循环经济实现对传统经济的三个颠覆：一是经济发展模式由纯消耗型转向聚焦发展的可持续性；二是环境治理模式由尾端惩治转向先端调整；三是发展宏观管理由各个部门各行其是转向协调共同治理。

从循环经济的内涵我们可以总结出其优势主要体现在两个方面：一是经济层面的资源高效利用，节约经济发展成本和消耗；二是环境层面的生态保护，具有生态伦理特征，以其生产和运作方式的新构建而缓解发展与自然资源的关系。其优势又体现为三个目标的同步实现与合作共赢：目标之一是经济高质量增长，具体包括总量增长和结构优化，二者不偏废；目标之二是环境安全，将彻底改变传统经济模式的弊端；目标之三是资源再循环使用，单位资源从经济全链条看其应用价值远超传统模式。

二、逻辑关系：循环经济对财税政策的诉求

（一）循环经济发展必须依靠宏观手段的强力助推

新型经济模式与传统经济模式抢占发展空间往往会经历高投入阶段，此阶段新型经济模式需要应对制约与困境，而且平稳过渡往往需要坚持长期投入。循环经济困境特征尤为凸显，因其发展模式强调摆脱对自然资源高依附性且流程构造复杂，因此长期将处于模式突破阶段，前期产出效益低无法吸引市场主体。因此，鉴于其公益属性，政府应当运用各种支持手段助推其发展，并通过探索运作，从而构建起一整套行之有效的政策激励机制与体系。

（二）财税扶持政策具有先天制度优势

财税政策作为宏观经济调控重要手段，其对循环经济发展的促进作用无可替代且具

有较为广阔的发展空间。一是财税政策与货币政策是政府对经济进行宏观调控的两方面手段，循环经济作为新兴经济发展模式，财税政策对其具有最为直接的激励作用；二是财税政策对循环经济的促进作用体现为多种手段，可以采用直接投资、采购政策倾斜、财政资金奖励、税收政策优惠等方式，可以综合施策、多处用力，形成较为完善、配合密切、效果显著的激励制度体系。

（三）财税政策具有有效的施策途径

财政政策和税收政策可以对循环经济发展进行全流程全过程激励。从经济运行环节来看，财税政策既可以对企业初始投入环节进行鼓励支持，也可以在产品进入市场环节予以政策扶持，甚至可以在企业投入前端的基础设施建设上着手，营造良好的营商环境。从市场主体来看，除了对一般生产者和消费者着手进行保障外，其突出特点就是强化对分解者的政策扶持。这部分市场主体数量少，但在循环经济发展中的作用至关重要，财税政策可以激励其对废弃物进行防治和处理。

三、问题查摆：正视现行财税政策体系的弊端

（一）财政政策

一是财政资金投入总量偏小。目前中央已经设立了支持循环经济发展的专项资金，但从资金使用方向来看与其他奖励政策有重合之处，使得财政资金对循环经济发展的支持保障作用发挥不充分。另外从地方情况看，多数省市未设立独立基金，政府对循环经济产业的投入大多处于"一事一议"的状态，使得资金投入缺乏连贯性。二是消费补贴力度较小。企业产品在市场竞争中具有优势是其能够健康持续发展的重要一环，因此对循环经济产品进行消费补贴是财税扶持政策的题中之义。目前，我国受惠范围较广、支持效果较好的主要是家电产品的"以旧换新"试点。补贴力度不足、范围较窄，面向清洁能源、节能产品的消费补贴体系尚未建立起来。三是支出结构不合理。从目前的实际情况来看，政策的受惠范围局限于部分企业和项目，对提升社会参与度的作用比较有限。采取的支持手段也大多具有一定的局限性，缺乏对关键行业、关键环节强而有效的刺激，杠杆效应发挥不明显，不利于打通整个循环经济的脉络，激发循环经济产业本身的活力。

（二）税收政策

一是税收优惠政策范围较窄。目前，我国的税制并未设计针对循环经济的优惠政策，也不符合税制设计的基本要求。分税种看，增值税对相关节能环保产品的优惠政策较为单一，能够享受税收减免的产品种类少、政策类型少且优惠力度不大，多数循环链原料

及产品未列入优惠范围。消费税和资源税方面，共同的突出问题就是多种消耗品和自然资源未列入征税范围，不利于对自然资源实施全面保护等。二是优惠政策期限较短。除前述增值税政策外，现行企业所得税对相关企业的优惠期限为一至五年。但循环经济企业从投入到产出往往具有长期性，较短期限内的优惠政策使得企业由于未实现利润而无法享受，过短的优惠期不利于鼓励企业长期坚持资源节约循环利用的生产模式。三是税率结构不尽合理。主要体现在资源税和消费税两个税种上。资源税的征税方式和税率设计对开采给环境带来的负效应无关，只是针对自然资源的价值属性进行征税，使得资源税应当具备的节约与防污染意图无法实现。而消费税方面，对新能源汽车应当给予特定的税率优惠，目前在这一方面税收立法尚呈现缺位状态[22]。

四、实现路径：财税扶持政策的调整与优化

（一）基本原则

一是效率与公平兼顾，同时考虑政策的实施效率和促进税收公平；二是调控的灵活性，财税政策的设计要对不同情形予以不同方式的支持；三是奖优罚劣，要采取正向激励和负面惩处两种手段，力争发挥出综合施策效果；四是确保可行性，既要考虑支持循环经济发展的需要，又要考虑财政承受能力；五是坚持整体推进，注重从循环经济运行的全过程进行对症施策，分别制定切实可行的分段政策。

（二）财政政策

1.财政预算政策。财税部门应当积极发挥职能作用，不断加大财政扶持力度，提高财政资金使用效率，扎实推进循环经济发展。比如，要将财政资金用于循环经济项目和城市矿产、餐厨垃圾、园区循环化改造等国家级示范试点项目，有效促进循环经济平稳起步和较快发展。各省市要不断加大自有资金支持，采取贷款贴息和补助方式对循环经济项目和循环经济试点园区内的建设项目予以支持。积极与世界银行等国际组织开展合作，争取赠款、低息借款等支持低碳城市建设和生态环境保护。

2.消费性支出。完善制度，从采购预算、采购计划、采购需求、采购文件、采购评审、履约验收等各环节明确落实节能环保产品强制采购和优先采购政策的具体要求，提出通过给予节能环保产品一定比例的评审加分或价格扣除落实优先采购政策。可以参照德国做法，由政府牵头，以行业协会为依托，对各种产品进行绿色认证，编制政府绿色采购清单，进行优先采购。严格落实绿色采购政策，在年度安排的预算单位和采购代理机构

---

[22] 付加锋，郑林昌，程晓凌.低碳经济发展水平的国内差异与国际差距评价[J].资源科学，2011，33(04)：664-674.

政府采购专项监督检查工作中，将落实绿色采购政策情况纳入检查范围。

3. 投资性支出。一方面政府要做好基础设施建设和营商环境打造工作，特别是大型项目、循环经济园区和农业生产的基础设施构建方面，要加大投入力度；另一方面找准循环经济发展各个环节的关键点，通过少量财政资金投入，激发民间资本和人民群众的参与热情。对基础设施进行重点投资和统一规划，对海水淡化、节能改造、资源再利用等重点项目的研究开发，可以与科研实力强的企业或机构合作。

4. 财政资金补贴。可以充分借鉴先进国家的做法，采取物价补贴、政策贴息、企业经营亏损补助、税前还贷等方式，支持循环经济企业加快发展。可以考虑突破现有财税政策限制，对循环经济产业区内的循环经济企业和资源综合利用企业缴纳的税收，通过年终结算返还给各园区专项用于产业区基础设施建设。

（三）税收政策

1. 打造绿色税收体系。以环境保护税开征为契机，以保护环境、合理开发利用自然资源、推进绿色生产和消费为目标，继续完善税收制度，进一步理顺税费关系，培育地方税源，建立绿色税制，形成有效的约束激励并举机制，促进绿色发展、绿色生活，促进资源节约利用，倒逼经济发展方式转变，进一步支持循环经济加快发展。

2. 改革资源税。按照"清费立税"的思路，在对现行各类资源收费进行全面梳理排查的基础上，根据实际情况推进费改税，时机成熟后再考虑修改资源税税目，扩大资源税的征税范围。要优化资源税税率结构，对部分产品实行累进课税制，同时要将环境消耗情况作为重要因素进行税率设计，普遍调高单位税额或税率。

3. 完善流转税和所得税。对现行税制和税收优惠政策进行通盘考虑，将一些重要消费品纳入消费税征收范围。根据产品环境友好程度和资源耗费水平的不同，设计差别税率，对绿色产品予以低税率或减免税。扩大增值税优惠政策受益范围，完善增值税抵扣链条和进出口环节增值税政策。延长企业所得税优惠政策期限，采用税前扣除等方式鼓励企业对循环经济基金项目进行捐赠，等等。

第五节 循环经济下的环境管理

随着全球经济一体化的不断深入，世界各国间的密切合作有效促进了经济的迅速发展，同时也加快了地球资源的消耗，使地球的生态环境遭到了严重破坏，危及全人类的居住环境与身心健康。因此，发展循环经济实现生态环境的良性循环，建立有效的环境管理机制已是大势所趋。本节笔者就对我国现阶段发展循环经济下的环境管理展开了探讨，以期给有关研究提供一些价值参考与借鉴。

一、我国现阶段环境存在的主要问题

很多国家为了追求经济的迅速发展，满足其持续增长的物质需求，而严重破坏大自然，最终导致全球生态环境出现严重危机，对社会公众的身心健康也造成不可估量的影响。我国当前的环境问题归纳起来主要有环境污染、能源与资源危机、食品安全等问题。各种各样的环境问题已给人们带来诸多困扰，环境形势不容乐观，资源短缺弊端持续显露。在社会主义经济高速发展的关键时期，大力推进绿色发展、循环发展、低碳发展，创新环境管理、倡导绿色生活，已是各地政府实现经济发展和生态保护"双赢"局面的关键战略。

二、现阶段环境管理的主要手段

针对目前国内环境存在的主要问题，可采取的管理手段主要有如下几种。

（一）行政法律手段

行政手段指的是具备行政管理能力的机关，按照国家行政法规所给予的权力制定政策方针，创建行之有效的法规标准对环境资源保护工作实施决策监督与有效协调；法律手段指的是依法管理环境，对环境产生的污染加以控制或消除，从而能够对自然资源合理地进行利用，有助于维护生态平衡。执法部门依法监督和管理区域环境，严厉打击无证排污、超标排污、偷排漏排等各类环境违法行为，依法查处违法主体，责令限期改正，并督促落实整改措施。环境管理只有站在法律的肩膀上，一切非法破坏环境的行为才能得到有效惩治，从而能够还人们一个青山绿水的美好环境。

（二）经济手段

经济手段指的是采取价值规律、价格、信贷、税收等，对生产者在资源开发中的行为加以有效控制，有助于抑制破坏环境的一切经济活动。例如：对排放污染物的企业征收环境保护税；对因违法排污导致环境污染的生产行为进行罚款；对非法排污影响广大群众身心健康的企业或单位，责令赔偿受害人损失；对治理污染相对积极的企业或单位应当给予一定奖励；还有对重点环保城市、低碳生产地区等的环境治理工作给予一定的资金支持等，从而推动各行业生产活动向可持续发展方向靠拢，引导和促进资源合理开发和有效利用。

(三)技术手段

技术手段指的是通过管理和科技创新，在提高生产力的同时，将环境损害程度降至最低。在环境管理过程中采取技术手段能够实现科学化管理环境，与其由政府采取强制性手段进行干预，倒不如由企业或单位通过采购相关设备，或进行技术改造来优化自身产业结构，这样做更有利于减少污染物排放、改善环境，向实现无污染生产靠拢。

环境问题是否能够得到彻底的解决，有赖于科学技术作为强大后盾，若是缺少发达的科学技术，就难以及时发现当下环境所存在的种种问题，即便已经发现了也不能得到有效的控制。比如，在田地施用化肥与农药、围湖造田等，经常会产生不良的环境效应，这说明了人们的生产活动对环境的无情破坏缺乏科学的预见。

(四)宣传教育

宣传教育通常是进行普及环境科学知识，是环境管理行之有效的一种手段，然而更加重要的是切实做好思想动员。通过杂志、报纸、影视、网络和文艺演出等多种不同的文化形式开展宣传，促使广大群众对环境保护的内容与意义有所了解，强化全社会的环境保护意识，激发群众对保护环境的热情参与，将保护环境变成一种自觉行为，从而产生强大的社会舆论影响力，让人们可以真正地做到保护环境人人有责，最终实现绿色低碳的生存环境。同时，目前生态环境破坏的来源主要为各类企业，企业在追逐经济利益之余没有考虑到环境的重要性。在未来的发展过程中，政府应该针对企业进行定期的环保宣传教育，将推行循环经济的思想传入到企业之中，提高企业对于社会环境的保护意识，从而降低企业的污染，实现真正的绿色发展。

三、发展循环经济下的环境管理新策略

面对我国目前的各种环境问题，结合实际情况，笔者认为可以按照如下几点策略去实施，有效解决错综复杂的环境问题。

(一)创新生产模式，积极发展循环经济

大力推行使用"资源—产品—再生资源"的循环经济生产模式，摒弃传统"资源—产品—废物"的生产模式。以往传统的生产模式虽然能够促使经济快速发展，但是付出的自然资源代价实在太大，这样长此以往不但消耗过多资源，且其所产生的废物排入田地中影响到土质，毫无疑问地会降低农作物的产量。循环经济的出现正好可以弥补此缺点，它能够把生产后的废弃物变废为宝，实现资源的再利用。这种生产模式不但能够使资源利用消耗最少，提高生产效率，而且又会让环境污染减到最小，从而能够实现可持续的生产消费模式，真正地实现节能低碳的生产环境。

（二）积极创新，提升科技资源配置水准

现代科技的发展改变了人们工作与生活的方方面面，所以循环经济下的环境管理也应当与时俱进，通过采取高新技术，不断提高资源的利用效率，积极创建节约型社会经济。即要求在工业化的发展道路需要形成低投入、高产出与少排污的生产理念，企业管理者需制定可循环的发展机制，在企业生产中以先进科技为支撑，不断积极创新，创建人与环境和谐的科技体系方为明智之举。

（三）在循环经济的前提下，修复自然环境

发展循环经济，在一定程度上尽管能够减少对环境的破坏，然而难以从本质上根治环境问题，因此一定要在发展循环经济的前提下实施自然环境的修复。在修复的过程当中，强调以自然规律作为前提，充分借助大自然的自我修复能力，然后与局部的人工技术相结合，从而实现恢复环境的效果，主要包括有湿地、森林、农田生态系统等。这种借助大自然环境进行的修复，相信将会受到越来越多人的青睐。

（四）提高认识，合理发展经济

自改革开放以来，纵观整个工业发展历程，资源缺乏合理利用，导致大量的资源浪费，再加上资源的过度开发，致使自然环境每况愈下。所以，若要想从根本上改变环境，需要从认知水平开始：人类得以生存有赖于自然作基础，人类发展与自然息息相关不可分割，过度地开发与利用自然资源，势必会造成自然界对人类无情的报复。所以，只有理智地处理好人与自然的关系，方可有效推动经济的良性循环发展，从而实现人与自然的和平共处。

总而言之，环境保护是一个永恒不变的话题，需要全社会共同参与，并为之努力不懈。

第五章　现代区域经济的理论与发展

第一节　优化产业结构 推动区域经济发展

我国经济的发展需要各个区域经济的发展共同推动。长期以来，区域的发展以产业的发展为主线，政策的制定以及规划的形成都要围绕着产业的发展。产业结构对于产业发展甚至区域经济增长的推动差异较大，产业结构不合理现象依然严重。优化产业结构已然成为当前区域经济发展的重要任务。

一、产业结构与区域经济

产业结构，是指各产业的构成及各产业之间的联系和比例关系。各个产业的构成及其之间的联系与比例关系不同，对经济增长的贡献也会有所不同。所以，把包括产业构成和各产业之间的相互关系在内的结构特征概括为产业结构。产业结构包括产业结构本身、技术结构、产业布局、产业组织和产业链五个要素。产业结构优化，指的是推动产业结构合理化和产业结构高级化发展的过程，它是实现产业结构与资源供给结构、技术结构、需求结构相适应的状态。产业结构合理化主要指产业及产业间协调能力的加强和关联水平的提高，促进国民经济各产业之间的协调发展，使各产业发展与整个国民经济发展相适应。

区域经济，是指在一定区域内经济发展的内部因素与外部条件相互作用而产生的生产综合体，以一定的地域为范围，并与经济要素及其分布密切结合的区域发展实体。在这个综合体里，无论它的空间范围有多大，人的经济活动只是国民经济中的一个空间层次；而无论其空间范围有多小，人的经济活动总是具有某种程度的综合性特征。区域经济学作为一门应用经济学，是建立在经济地理学基础之上的，应用经济学的基本理论和方法研究空间问题，即研究地理位置、自然资源环境等条件对人们的经济活动和相应的资源配置过程的制约和影响，是一门关于人的空间经济活动规律和经济的区域秩序和区域组织的科学。

二、产业结构优化与区域经济持续稳定发展

优化产业结构,要以重点带动全面。根据实际情况,从优化支柱产业结构开始,顺应带动大批关联产业的发展,从而推动区域经济的整体发展。优化支柱产业结构,要做到确定目标、择优扶持、集中突破、注重提高,增强自主开放能力,形成规模,提高市场占有率等。从优化的对象角度来看,产业结构优化主要包括供给结构优化、需求结构优化、区域贸易结构优化和区域投资结构优化四个方面的内容:

(一)供给结构的优化

供给结构,指的是在既定的价格条件下作为生产要素的资本、劳动力、技术和自然资源等在国民经济各产业间可以供应的比例,以及以这种供给关系为联结纽带的产业关联关系。

(二)需求结构的优化

需求结构,指的是在一定的收入水平条件下,政府、企业或是个人所能够承担的对各产业产品和服务的需求比例,以及以这种需求为联结的纽带产业关联关系。需求结构包括政府需求结构、企业需求结构、家庭需求结构和个人需求结构及以上各种需求的比例关系。

(三)区域贸易结构的优化

广义上来讲,区内贸易结构是指一定时期内,区域经济贸易中各产业货物贸易或服务贸易的构成情况;狭义上是指在一定时期内,区域经济贸易中各种商品的构成情况,也包括以这种贸易关系为联结纽带的产业关联关系,区内贸易结构包括不同产业间的贸易结构和同一产业间的贸易结构。

(四)区域投资结构的优化

区域投资包括区域内资本的流出和区域外资本的流入。对外投资会导致本区域内产业的对外转移,外来投资则会促使区域外产业的对内转移。二者都会引起区域内产业结构的变化。区域投资结构,指的就是对外投资与外来投资的比例结构,以及对外投资在不同产业之间的比例和外来投资在本区域内不同产业之间的比例以及各种派生出来的结构指标。

产业结构优化,对于区域经济的持续稳定协调发展具有重要的推动作用。它是社会再生产正常进行必不可少的条件,是取得最佳经济效益的前提和基础,是经济成长的客观要求。产业结构优化是区域经济结构优化和增长方式转变的迫切要求。产业结构优化

过程，就是提高产业结构作为资源转换器效能的过程。推进产业结构优化的首要任务是促进产业由高耗向高效转变，由粗加工向深加工转变，由低端向高端转变，促进产业做大做强。

产业结构优化的核心是社会生产技术基础更新所引发的产业结构的改进。由于新技术的开发、引进、应用、扩散，引起高新技术产业发展和传统产业的更替和改造，这说明产业结构的优化升级是以技术创新为前提的。

产业结构优化升级是增强产业结构转换能力的重要力量。在社会再生产过程中，产业结构的调整与优化促使技术条件不断更新，进而促进产业结构不断更新、形成新的组合。需要增强传统产业向现代产业转换的能力，技术含量低的产业向技术含量高的产业转换的能力，从而引起社会生产力产生质的飞跃，实现产业结构优化。

产业结构优化升级是提高经济资源配置效率的客观要求。实际上，产业结构可以看作是资源转换器，而产业结构优化就是这一资源转换器运转的效率和质量不断提高的基础。

产业结构优化升级是实现经济增长的重要支撑力量。现代经济增长主要取决于产业结构的聚合效益，即产业间及产业内各部门间通过合理关联和组合，使组合后的整体功能大于整合前单个产业或单个部门的功能之和。产业结构优化是增强产业聚合效应的重要手段，也是支撑区域经济协调发展的重要力量；同时经济增长也会为产业结构优化提供相适应的物质基础，实现产业结构优化与经济增长的良性循环。

由于产业结构优化直接关系着由产业结构优化状况决定的区域经济发展的潜力和前景，因此产业结构优化在区域经济发展中有着重要意义。科技进步是产业结构调整和优化的基本动力，是经济发展的重要条件。新兴产业替代传统产业也是产业结构优化的一种表现，同时科技进步又可以促进新兴产业的形成。一方面，科技进步推动对传统产业的技术改造；另一方面，新技术的发明与应用又会促进深化分工，开拓新的产业部门，从而达到促进经济发展的目的。

三、区域产业结构优化的管理对策

一是深化经济管理体制改革。经济管理体制改革是区域产业结构优化的必要的体制保证。首先，要建立市场主体，调整产权关系，使企业产权关系明晰化；其次，需要转变政府职能，严格政企分开，将经济发展中的责、权、利统一于经济主体，提高投资者的风险意识和约束力；再次，在建立和完善市场体系的同时，要持续深化财政和金融体制改革，健全调控手段，使各级政府投资只能根据收入来确定，促使投资结构合理化。市场经济条件下的金融市场，本质上就是资金市场、股票市场和国债市场三者的内在统一。实行直接融资与间接融资的经营方式，有利于区域产业结构的调整和优化，有利于促进区域经济的发展。

二是制定合理的区域产业政策。市场经济条件下，产业政策是国家通过必要的干预投资等各种经济活动，实现资源在各个区域和各个产业的最优配置。要实现区域产业结构优化与整体经济发展的对接，力争在一个地区使一两个新兴技术部门占据优势地位，为区域经济的稳定发展打下基础。与此同时，在制定产业政策方面，无论经济发展目标和策略选择有何不同，都应当把区域产业结构优化与技术结构升级结合起来。一定要注意产业政策体系的整体配套和相互协调，形成合力，确保综合发挥它们的作用，避免彼此遏制，相互抵消力量。

三是充分发挥科学技术是第一生产力的作用，提高产业技术结构，促使区域产业结构优化。为更快地发展区域经济奠定基础，必须从两个方面进行工作。首先，需要即时采用最新技术成果，根据计划建立一批新兴工业。就当前来看，尤其要重点发展电子工业，逐渐降低那些耗能耗物比较多的传统产业在整个区域产业结构中的比重，同时不断提升新兴产业在区域产业结构中的比重。其次，在建立区域新兴产业的同时，用新技术逐渐改造原来的区域传统产业，促进原有产业部门的更新换代，逐步将包括传统产业在内的整个区域产业结构建立在新的技术基础上，确保以"劳动密集型""资金资源密集型"为主的区域产业结构逐渐向以"知识技术密集型"为主的区域产业结构的转化，从而实现区域产业结构的优化。

随着经济发展、技术进步及整体市场环境的不断变化，区域产业内部结构也会随之发生相应的变化。当区域产业内部结构的变化适应以上各种因素的变化时，就是一种相对合理的产业结构，就能够促进区域经济的发展；反之，当区域产业结构的变化不适应上述各种因素的变化时，就会阻碍区域经济的发展。因此，应该及时采取有力的措施，如通过加强对区域产业结构优化的宏观管理和指导；加快工业组织结构优化，形成专业化分工明确的组织生产体系；发展循环经济，建立健全服务业的管理体制等，促进区域产业的结构调整与优化，以促进区域经济的协调发展。

第二节 产业结构调整对区域经济增长的作用机理

技术经济时代，产业结构在经济增长中发挥着越来越重要的作用，不同的产业结构反映了地区不同的经济发展阶段。本节从现代经济发展理论的视角，在评述相关经济增长理论的基础上，论证了产业结构与区域经济的动态关联关系，明晰了产业结构变化对区域经济增长的作用机理,最后结合苏北重要中心城市建设,提出了淮安市产业结构调整和优化的相关建议。

现代经济发展最为明显的特征是社会分工的日益精细化,这也使得经济结构调整效益的地位更加重要,并逐步成为现代经济增长的有力支撑点。发达地区的发展经验一再表明,产业结构的调整和优化是加速区域经济增长的现实要求。这对于淮安市这样一个正面临产业结构转型和经济发展方式转变的欠发达地区来说,具有很大的现实借鉴意义。

一、产业结构与经济增长关系的研究综述

一直以来,产业结构与经济增长的关系都是现代经济发展理论的研究热点。对这一问题的研究最早可以追溯到17世纪英国的古典政治经济学家威廉·配第,他认为:"不同产业的收入差异会推动劳动力向高收入产业流动,进而实现产业结构演进。"英国经济学家约翰·贝茨·克拉克(1940)发展了威廉·配第的理论,提出了著名的"配第—克拉克定理"。美国经济学家惠特曼·罗斯托认为,"经济增长是一个部门的过程,产业结构的不断优化会带动经济的增长"。进入20世纪60年代后期,这一问题研究的实证性和地域性色彩更加浓厚。西蒙·库茨涅茨通过对美国1948—1966年经济增长状况的研究,重点论证了产业结构对经济增长的影响,认为经济增长的10%是由产业结构变动造成的。美国另一位经济学家霍利斯·钱纳里则提出,"经济增长是一种非均衡的增长,这种非均衡增长所引起的生产要素从低收益部门向高收益部门的流动必然产生结构效应,并且这种结构效应对经济增长起着决定性作用"。戴尔·乔根森通过国际比较则研究了美国经济增长的根源,论证了产业结构变化对经济增长的促进作用。进入21世纪以来,特别是随着我国经济的转型发展,国内学者对产业结构变化和经济增长关系的研究不断增多。刘志彪用Moore结构变化指标测算出我国1978—1999年产业结构的变动度,论证了产业结构快速变化是支持经济高速增长的动因。张晓明构建了我国产业结构与经济增长的关系模型。干春晖通过分析产业结构合理化和高级化两个指标与经济增长指标之间的关系,研究了我国产业结构变迁对经济增长和波动的影响。近年来,李懿洋、金春雨、田红、于雪原等众多的专家学者,结合区域具体时点的经济发展数据指标,对产业结构变化与经济增长进行了直观的实证分析,并提出了加快传统产业升级和经济可持续发展的相关建议。由此可见,关于产业结构变化与经济增长的关系,国内外学者普遍认为,产业结构的升级可以促进经济的增长;同样,经济的增长则会反过来促进产业结构的变化、演进和升级,两者存在着辩证的互动关系。

二、产业结构变化对区域经济增长的作用机理

通过以上的梳理和分析，区域经济增长与产业结构变化密切相关，产业结构的调整和优化会促进区域经济的发展。而在产业结构调整过程中，主导产业升级是区域产业结构升级的主要动力，特别是技术的进步会推动新产业的出现，并使产业结构不断向高级化发展。

（一）产业结构调整和优化能加速区域经济增长

产业结构的调整和优化实质上是自然资源、劳动力和资本等生产要素，在市场规律的作用下，在不同部门、不同区域间的重新组合与配置。而在这一调整和优化的过程中，产业结构变化对经济发展起到的推动作用，主要是由于产业部门之间增长率不同造成的。具体地说，由于不同产业部门的增长率不同，为了实现经济的持续增长，就需要将经济资源由低增长率的部门和区域向高增长率的部门和区域转移，这是遵循基本经济发展规律的。反之，如果没有这种变化，增长率高的部门和区域就不能实现资源增长，或者说增长会比较缓慢，甚至不会出现经济增长。因此，只有在结构变化伴随着一定资源转移的时候，才能够真正地实现经济增长的目标。当前，在新一轮经济体制改革的过程中，各个区域都在为加速推进新型工业化道路、发展现代产业体系进行着深层次的经济结构调整和优化。可以说，产业结构的调整和优化是促进新一轮区域经济增长的核心和关键。

（二）主导产业升级是区域产业结构升级的动力

在产业结构中，主导产业处于支配地位，比重较大，综合效益较高，对国民经济的驱动作用较大。主导产业区别于其他产业的特征是：代表了科学技术的最新发展趋势，具有超出国民经济总增长率的部门的高增长率；产业增长的国民经济弹性大，产品的需求收入弹性较高，具有巨大的市场潜力和发展前景；具有明显的关联带动和扩散效应，对其他产业发展具有很大的带动作用。主导产业的这些特点也决定了它是区域产业结构的核心和动力，对一定阶段的技术进步和产业结构升级转型具有关键性的导向和推动作用，对经济增长具有很强的带动性和扩散性。因此，面向区域经济的快速发展，产业结构的调整和优化必然首先要求主导产业的升级。这一升级的过程实质上就是更高层次的产业替代原有产业成为新的主导产业的过程，新的主导产业的产生又会通过产业间的经济技术联系带动一批更先进的、技术水平更高的相关产业的发展，从而促进区域整体产业结构升级，大大提高劳动生产率，进而推动区域经济发展。

(三)技术进步推动产业结构不断向高级化发展

科学技术是第一生产力,技术进步是社会进步的持久动力,也是产业发展的主要源泉。用高新技术改造传统产业,实现产业结构的高级化是当前传统产业发展的基本诉求,也是推动产业结构转型升级的重要策略。所谓产业结构的高级化,主要指的是经济发展重点或产业结构重心由第一产业向第二产业和第三产业逐次转移的过程。一般而言,技术进步推动产业结构向高级化发展的作用主要表现在:技术进步导致劳动对象、劳动手段的改进和劳动者素质的提高,促进产业的发展;技术进步引起生产组织和生产方式的变化促进产业的发展;技术进步创造新的市场需求拉动产业的发展。此外,技术进步还能够提高社会劳动生产率,在促进产业分工深化的同时,培养和孕育新兴产业的出现,使产业结构不断向高级化发展。

三、苏北重要中心城市淮安建设中产业结构优化建议

产业结构的适时调整、优化和升级,是区域经济快速协调发展的基本保证。近年来,淮安市各产业稳步发展,三次产业比重主要呈现"二降一升"的趋势,实现了经济增长与优化结构的良性结合,推动了经济的快速增长。

显性的数据表明,淮安市通过优化产业结构,在提高产业效益和竞争力、提高整体经济实力方面,取得了一定的成绩。但是,我们也应该看到,限于传统产业改革受阻、产业技术创新能力差等因素的影响,淮安市经济增长速度却略低于省平均增长速度。淮安市应当结合苏北重要中心城市建设实际,采取切实可行的措施加速产业结构的调整和优化,继续培育和发展主导产业,顺利实现产业结构升级,形成新的经济增长点,促进区域经济的可持续增长。

(一)加快传统产业优化升级,继续提升二、三产业的比例

近年来,淮安市着力打造台资集聚、浙商投资、产业转移"三个高地",在加快农业现代化转型的基础上,注重强化农业与工业、服务业的紧密联系,紧紧抓住国家将淮安纳入长三角经济圈的发展机遇,积极利用经济开发区对工业、服务业的载体作用,着力发展新型工业和现代服务业,产生了一批辐射面广、带动力强的龙头企业,产业结构有了明显的改善。然而,相对苏北和苏中城市,二、三产业占比不高的事实仍然在一定程度上存在,淮安农业大市的局面并没有从根本上改变。如果这一状况得不到根本改变,必将阻碍淮安经济的进一步增长。根据珠三角和苏南发达城市经济发展的普遍规律,第三产业在产业结构中的比例日趋优化并成为支撑经济增长的主要杠杆,而且经济增长越快比重提升也会越快。为此,在苏北重要中心城市建设的大背景下,淮安市应当进一步

挖掘传统行业的发展潜力，继续加强对新型工业和现代服务业的政策支持和投资力度，推动先进制造业与现代服务业融合发展，重视产业配套和传统产业链的延伸，继续提升二、三产业在三大产业中的占比，进一步优化产业发展布局，努力建成长三角北部地区先进制造业基地和现代服务业高地，为区域经济增长奠定坚实的物质支撑。

（二）发挥主导产业集聚效应，着力打造地方特色产业群

从马克思主义生产和消费的关系来看，生产结构变化会创造出新的需求，而消费结构的变动又会影响和推动生产结构的变化。当前淮安市产业结构存在的一个突出问题就是社会生产与市场需求变化不太适应，造成部分中小企业的生产困局，而适应市场需求和结构升级的新产品却供不应求。要改变现有的这种状况，必须按照产业发展的内在规律，确立和培育符合市场需求的主导产业，并根据地方经济发展变化，对主导产业进行适时的调整和优化，促进产业结构由低层次向高层次发展，从而全面推动经济的跨越式增长。目前，淮安市初步形成了特钢、电子信息、盐化工、节能环保、食品五大主导产业，这五大主导产业占规模以上工业总产值的比重达到55%。但是，同淮安市正处于"追赶型"经济发展阶段一样，这些产业部分仍处于培育期，许多产业主要体现在个别产品的优势上，产业链分工尚不明显，产业配套尚不完善，产业集聚效应未能得到充分发挥。因此，淮安市要在此基础上，立足资源优势和产业基础，努力推进产业聚集，提升产业发展层次，发挥产业的规模经济效益，加快盐化工、太阳能等特色产业基地建设，推动盐碱科技产业园和各类特色园区发展，高标准打造出全国特钢产业链研发生产基地、全国电子信息产业基地、中国"新盐都"、全国节能环保示范基地和食品生产基地，避免地区产业结构趋同，形成有效竞争优势，同时最大限度地减少资源消耗，提高社会资源的配置效益。

（三）加快发展高新技术产业，提升产业的整体竞争能力

信息化时代的科学技术突飞猛进，已然成为区域经济发展的主要推动力量。因此，淮安市产业结构调整必须紧跟时代潮流，主动利用高新技术发展高新技术产业，努力缩小与发达地区的经济差距。淮安市经济技术开发区建设时间不长，高新技术企业入驻相对不足。在入驻的高新技术产业中也还存在一些问题，具有自主知识产权的核心技术开发能力相对较弱，高新技术产业的技术来源主要依靠技术引进，仅有的几个大中型企业尚未成为高新技术开发和研究的主体，缺乏一定的工程化和产业化转化能力。而限于资源的稀缺性，发展高新技术产业，必须重点选择对经济发展有全局影响的关键技术产业，集中必要的人力物力财力进行全力攻关。建议政府在信贷、税收、经费投入、人才引进等方面重点扶植的基础上，支持和鼓励企业参与技术创新和自主研发，提高科技进步的

技术支撑能力，努力形成具有自主知识产权品牌的特色产品，进而增加产业的科技含量和技术附加值。当然，发展高新技术产业并不意味着对传统产业的全面否定。特别是在淮安市经济社会建设欠发达局面没有得到根本改变的情况下，传统产业依然有着广阔的市场需求，是整体经济实力的重要支撑。也就是说，高新技术产业与传统产业并不是简单的替代关系，而是在技术层面上的改造与被改造关系。即坚持信息化带动工业化的战略，更加健全和完善相关产业政策，坚决淘汰落后的生产能力，杜绝同一技术水平下的重复建设，重点做好产品结构的技术性调整，加快产业优化升级的步伐，提升产业的整体竞争能力。

第三节　循环经济模式下的区域产业结构优化

长期以来，中国的经济增长主要依赖大规模的物质和资源投入，这种高消耗、高耗能、高污染和低效率的粗放式经济增长方式直接导致了自然资源的枯竭和生态环境的严重破坏。传统的"资源—产品—污染排放"的单向线形生产模式，以及以资源消耗型制造业为主的滞后产业结构，已经严重影响和制约了中国经济的发展。在此背景下，国家提出了转变经济增长方式，调整产业结构的发展战略，"十一五"规划更是明确提出要落实节约资源和保护环境基本国策，建设资源节约型和环境友好型社会。因此，大力发展循环经济，积极调整和优化产业结构就成为新时期中国经济快速增长和可持续发展的必然选择。而作为直接影响着资源配置效率和产业素质高低的区域产业结构，就成为调整的重点和关键。

天津滨海新区在国家"十一五"规划将其纳入全国总体发展战略布局之后，取得了令人瞩目的成绩，成为又一带动区域发展的新的经济增长极。然而，随着滨海新区经济的快速发展，能源、土地、水等资源供需矛盾日益突出，环境污染和生态破坏程度也在日益加剧。究其原因，与其产业结构发展不平衡特别是传统资源消耗型产业比重较大有直接的关系。因此，本研究将以天津滨海新区的产业结构调整和优化为例，阐述一种基于循环经济的产业结构优化新模式，以期对环渤海经济圈乃至全国其他区域发展循环经济和进行产业结构调整起到一定的借鉴和示范作用。

一、循环经济的概念与发展

早在20世纪60年代，美国经济学家波尔丁就提出了循环经济概念。循环经济是在可持续发展思想指导下的一种闭环物质流动型经济。它的含义是在资源投入、企业生产、产品消费及其废弃的全过程中，把传统的依赖资源消耗的线形增长经济模式，转变为依靠生态型资源循环来发展的经济模式。即按照清洁生产的方式，对能源及其废弃物实行综合利用，把经济活动组成一个"资源—产品—再生资源"的反馈式流程。目标是达到自然资源的低投入、高利用和废弃物的低排放。循环经济有三大操作原则，即"减量化(reduce)、再利用(reuse)、再循环(recycle)"。减量化属于输入端方法，主要是减少进入生产和消费过程的资源（原料和能源等）；再利用属于过程性方法，目的是延长产品和服务的时间强度，提高产品、物流装备（如包装容器）和服务的利用效率；再循环属于输出端方法，要求物品完成使用后重新变成可利用或可再生资源以减少末端处理负荷。

传统经济"资源—产品—污染排放"的单向线形生产模式，或者是近年来的"先污染，后治理"的环保理念，都带来了自然资源的过度开采利用和污染物的超常规排放。循环经济理念的产生和发展，一定程度上反映了人类对人与自然关系的深刻反思，也表明了人类希望能够做到经济的增长不以环境的破坏和资源的枯竭为代价，真正做到可持续发展的决心。循环经济要求人类在生产和消费的所有领域都能做到物尽其用，不给环境造成危害，并且要在传统工业经济的线形技术范式基础上，增加反馈机制。在微观层面上，要求企业横向技术体系拓宽，将生产过程中产生的废弃物进行回收利用和无害处理；纵向延长价值链条，从生产产品延伸到废旧产品处理和再生。在宏观层面上，要求资源实现跨产业循环利用，整个社会体系实现网络化，综合对废弃物进行无害化处理。

二、天津滨海新区产业发展现状及其存在的问题

（一）产业发展现状

自1994年建区以来，滨海新区产业发展的成就有目共睹。新区GDP从1994年的112.36亿元增长到2009年的3810.67亿元，年均递增约22.3%。2009年，第一产业完成增加值7.43亿元，增长5.5%；第二产业完成增加值2569.87亿元，增长24.7%；第三产业完成增加值1233.37亿元，增长20.8%，三次产业比重为0.2∶67.4∶32.4。在天津中心城区的支持下，经过十几年的建设，新区逐渐形成了以电子信息、石油开采及加工、机械制造、现代冶金、海洋化工、食品加工和现代医药七大优势产业为核心的产业布局。2009年，七大优势产业工业总产值占全区工业产值的比重为87.2%。

总体来说，在滨海新区的产业结构中，制造业依然占绝对优势地位，而且门类较为齐全，支柱产业作用比较突出，高新技术产业及先进制造业发展迅猛，具有较强的竞争力。第三产业尤其是服务业发展较为迅速，但相对于制造业的支柱地位以及滨海新区功

能定位中对服务业的要求而言,发展仍然有些滞后,特别是金融保险、现代物流、信息、研发、管理咨询、教育培训等生产性服务业发展还很不充分,其经济总量占新区经济总量的比值要远落后于制造业。

(二)产业发展过程中存在的问题

支柱产业中传统制造业比重较大,环境污染、生态破坏以及资源短缺等现象严重。在滨海新区的七大优势产业中,除了电子信息和现代医药两大现代制造业外,其他产业仍然属于传统制造业,滨海新区宜居生态型新城区的建设依然面对较大的生态环境压力。这种压力主要表现在传统工业的三废(废水、废气、粉尘)排放对环境可能产生破坏和污染上。据统计,近两年来,三种废物总体排放量虽然在一定程度上有所回落,但仍处于较高的基数水平,尤其是工业粉尘排放量,2007年比2006年有明显增加,约为18.4%。同时,2007年滨海新区二氧化硫平均值再次超过了国家二级标准的浓度限制,达到0.065毫克/立方米。至2008年,工业二氧化硫排放量比2006年同比上涨3.2%,空气综合污染指数较2007年虽然有所下降,但仍高达2.16。

与此同时,滨海新区作为天津市经济发展的龙头,其生态环境也遭到了严重破坏。大规模填海工程使天然滨海湿地面积大幅减少,导致许多重要的经济如鱼、虾、蟹和贝类等海洋生物的产卵、育苗场所消失,海洋渔业资源遭受严重损害,长途迁徙的鸟类饵料数量减少,削弱了鸟类栖息地的功能,生物多样性迅速减少。滨海新区滨岸海域底栖生物群落已处于亚健康状态,其生物多样性指数、均匀度和丰度值均较低。

再有,资源、能源短缺对发展的约束日益突出。天津作为加工工业城市,原材料和市场两头在外,对外依赖性强。随着工业化进程的加快,物质资源的消耗程度增加,特别是重化工业、冶金等行业发展迅速,使能源需求量大幅度上升。

其他产业比重相对较低,且其环境状况日益严峻。由于滨海新区特殊的地理位置和其主要功能定位,造成其第一产业(主要指农业)发展较弱,农业用地较少、生产规模偏小、机械化、专业化、集约化、产业化程度不高成为制约农业发展最主要的问题。另外,第三产业(主要指服务业)虽有较大幅度的增长,但是其与第二产业(主要指工业)所占比重仍相去甚远,而且服务业中传统服务业比重偏高,新兴服务业发展不足。2008年批发零售贸易服务业、交通运输仓储业和邮电通信业等传统服务业占服务业比重达53%,新兴服务业仅占47%。金融保险、现代物流、信息、研发、产品设计、法律、广告、会计、管理咨询、会展、教育培训等生产性服务业发展不充分,仅占服务业比重30%左右。

与此同时,农业和服务业所面临的生态环境状况也不容乐观。农业是滨海新区发展的软肋,除居高不下的农业外源污染(工业污染和城市生活垃圾)和区域外来污染(如上游过境污染)外,滨海新区农业发展还面临着诸如耕地质量较差、水污染日趋严重以及城市发展引发的耕地资源减少等资源环境压力。而第三产业给生态环境带来的干扰主要表现在资源消耗和环境污染方面,尤其是商业、餐饮服务业、交通运输业等行业发展带来的传统污染,如餐饮行业的污水、油烟、燃煤锅炉的烟尘、娱乐业产生的噪声、交通运输业的能源消耗和废气排放等传统污染,高危害、高敏感性的高科技污染等。这些问题也成为滨海新区发展成生态宜居型城区的极大阻力。

三、循环经济模式下的滨海新区产业结构优化方案

(一)依据资源共享和生态共生效应实现工业产业集群,并最终构建生态工业网

工业始终是支撑和拉动滨海新区经济发展的支柱性力量,建设成为高水平的现代化制造和研发转化基地也是滨海新区重要的战略功能定位。由于新区本身所具备的工业生态多样性以及优势产业众多的特点,因此无法确认某一产业为核心产业,这就需要建立产业集聚型的生态工业体系或者生态工业网络,而生态工业网络又由众多的生态工业产业链和补链以及辅助型企业所构成。因此,依据资源共享理论形成资源高效利用的产业链,同时依据产业生态共生效应实现产业集群,再适当引入补链和辅助型企业,就能最终构建起生态工业网络,从而奠定起滨海新区经济与生态和谐发展的基础。例如,针对汽车制造产业,可以重点引进和培育若干家规模大、技术力量强的零部件生产企业,推行清洁生产,并扩大废旧汽车回收,形成汽车分解与汽车废物回收利用的代谢链。这样就从零部件供应到汽车生产到废弃物回收利用形成了资源的闭环流动和循环利用。

除了产业链上的资源共享和循环利用外,各产业链间也能实现物质、能量和信息的流动与交换。近年来,滨海新区已经构建了生态工业与循环经济信息平台,极大地方便了企业间进行固废弃资源的交换与再利用。有了这些基础条件,各产业链间的企业就可以依据工业生态共生效应进行产业集群,从而实现更加广泛的资源共享和循环利用。所谓工业生态共生效应,是指不同企业间通过合作,共同提高企业的生存能力和获利能力,同时通过这种共生实现对资源的节约和环境保护。为了更好地实现产业集群,除了产业间的物质、能量和信息流动之外,建立生态工业园区也是一种促进产业集群的有效方式。某一企业的废弃物或者副产品经过加工处理可能转换成为另一家或多家企业的原材料,如此循环,使不同产业的企业间实现了资源的循环利用和生态共生。同时,通过虚拟产业链的延伸,使许多因为地理位置的限制而无法进入工业园区的外部企业同内部企业建立起工业共生关系,实现资源更广泛的循环利用。以滨海新区汉沽循环经济示范区为例,

该示范区以北疆电厂为龙头，用发电的余热淡化海水；海水淡化后排除的高浓度盐水晒盐，每年新增原盐 70 万吨；利用制盐母液，生产出溴素等 9 万吨化工产品；同时直接采用浓盐水制盐，盐场不再需要蓄水池等工序，节省了盐田，节约了土地；对北疆电厂发电产生的灰渣等废弃物回收再利用，制造地砖等新型环保建材，这种废物利用大量节约了土地。

（二）大力发展生态农业和现代服务业，形成"三产"互动体系

农业方面，首先应大力发展以设施农业为代表的沿海都市观光型现代农业，提升设施农业综合生产能力和效益水平。比如汉沽茶淀充分利用"葡萄文化旅游节"等特色农业节庆活动，大力扶持休闲观光农业，带动农户近 6000 户和葡萄种植 15000 亩。同时，应加强科技力量投入，建立生态农业科技园区，大力发展生态农业，形成"从田间到餐桌"的直接食品供给链，实现绿色生产功能。如塘沽兴建的滨海生态农业科技园区，集科技示范功能、生态观光功能、加工物流功能和生活服务功能为一体，让城市人群了解农业、参与农业生产、学习农业科学知识等。最后，针对滨海新区现有面积较少的耕地，发展前景广阔的农业循环经济。比如，麦收后的秸秆经过简单加工既可以带来直接经济效益，同时又能够用来养殖奶牛；牲畜粪便可以作为农田肥料，发酵肥料时的沼气又能作为燃料等。

服务业方面，要继续大力发展现代服务业，使生产性服务业和高端服务业在服务业生产总值中的比重快速提高。从滨海新区十几年的发展来看，制造业无论是其经济总量还是其增长速度都要远远超过服务业，这一方面说明新区服务业发展相对滞后，另一方面也说明其发展空间比较大。新区应充分发挥政策优势，以建造区域性金融中心为主轴，发展各种与金融行业相关的服务业，如银行、保险、证券等，为各大跨国公司落户滨海新区创造一个良好的金融环境；同时，以制造业为依托，提升质量控制、人力资源、会计、研发、设计、广告等服务业质量，弥补制造业产业链高端和低端发展后劲不足的弊端；最后，以文化、旅游、餐饮、创意等生活性服务业为依托，不断丰富和美化人们的生活，提高人们的生活品位。除此之外，在生产、物流和消费等服务业领域，要实现服务业的生态化转型，倡导绿色生产、绿色物流、绿色营销等，减少中间环节的资源浪费和环境污染，与生态工业和生态农业相辅相成，协调发展。

（三）依托辐射周边地区建立更加广泛的循环经济体系，实现产业结构的优化和完善

滨海新区的地理位置处于环渤海经济区的中心地带，紧密依托京津冀，因此其自身的发展必然影响着周边地区的发展，同时也受这些地区发展的影响。滨海新区的现代化

工业是其经济发展的支柱性产业，现代服务业发展则相对落后。而其周边地区，如北京，以其政治文化中心的集聚效应，已经形成了非常成熟的现代服务业体系，如国际交流中心和金融服务中心，这就能为滨海新区的发展提供良好的投资环境和资金来源。同时，天津的周边省市如河北省有着丰富的劳动力资源市场和能源供应市场，这可以为滨海新区的发展提供强大的资源后盾，而滨海新区又能同时带动和辐射其周边地区的经济增长。

另外，要重视与周边地区的产业链对接，构建虚拟型的区域产业循环体系。许多因为地理位置的限制而无法规划到新区生态工业园区中的企业，可以通过虚拟产业链的延伸和工业共生效应而进行协作。如海河下游钢材加工企业与河北曹妃甸首钢集团的跨地区合作以促进建设关联紧密、技术一流、带动性强的虚拟生态产业链；北京中关村的微电子信息产业发展相对成熟，可以使新区的电子信息企业与其进行合作，提高京津电子信息产业的总体研发能力，并有效解决北京电子垃圾的回收处理，减少环境污染；天津港与河北黄骅港加强港口战略合作和物流服务合作，形成合理分工、互利共赢格局，共同打造北方国际航运中心和国际物流中心；大港、塘沽的石化产业与唐山、沧州化工产业带的协作，形成配套和共同发展的区域企业共同体等。

本节以天津滨海新区为例，阐述了一种基于循环经济的区域产业结构调整和优化的全新模式。值得注意的是，本节所阐述的模式是在充分考察了天津滨海新区自身产业结构特点、发展现状及其存在的问题基础之上提出的。天津特殊的地理位置、城市定位和经过多年发展形成的现有产业结构，决定了工业在滨海新区的经济发展中将依然占有着支柱性的地位，因此其调整的重点是在承认和强调工业重要性的基础上对其进行生态化改造。服务业方面，则针对新区目前传统型服务业比重过大的现状，强调了向生产型服务业和高端服务业转变的发展思路，并与生态农业结合，最终与新区的工业形成"三产"互动协调发展的良性体系。最后，通过资源优势互补以及虚拟产业链的延伸和对接，体现滨海新区对其周边地区的依托和辐射，完善了更加广泛的循环经济体系。

在国家提倡产业结构调整和转变经济增长方式的背景下，大力发展循环经济，优化产业结构，不仅是滨海新区实现经济快速增长和可持续发展的必然选择，也是全国各区域经济发展的重点和关键。本节通过列举天津滨海新区的例子，得出以下对策与建议，以期对全国各区域发展循环经济和进行产业结构调整提供一定的参考价值和示范意义。

第一，对于工业产业结构的调整，重点在于以循环经济的理念对其进行生态化改造，而改造的过程大体分为三步。首先，应重视每条产业链上的资源共享和循环利用。产业链在进行资源向产品转化的过程中，不但会消耗资源，同时还会产生废物和垃圾。通过引入补链企业，实现对生产各个环节废物的回收、加工和再利用，就能实现产业链上资源的共享和循环利用,同时实现产业链上物质、能量和信息的闭环流动。其次,通过工业生态共生效应实现产业链的集群,构建生态工业网络。位于不同产业链上的企业可以因为共生效应而进行集聚,使多个企业乃至产业链间实现废弃物到原材料的转化和利用。这样,通过产业链上资源的闭环流动以及产业链间的生态共生,就能够建立起生态工业网络,实现资源的更有效利用。最后,通过虚拟产业链的延伸和对接,实现更加广泛的循环经济体系,完善本区域的工业产业结构。

第二,三次产业间要形成"三产"互动的体系,以核心产业带动弱势产业,弱势产业在发展中强化核心产业。由于地理位置、发展定位以及历史和文化等原因,每个区域的产业发展状况都不尽相同,因此其产业结构也就不完全相同。如天津滨海新区工业特别是制造业是带动整个天津市经济发展的支柱性产业,在这种情况下,服务业和农业要紧密依托制造业的发展,接受制造业的辐射和带动。比如,服务业方面可以重点发展现代金融业,为进驻滨海新区的各大国内外企业提供良好的投资环境和金融服务,而良好的金融环境和服务又能够进一步促进工业的发展。当然,对于其他区域而言,应该立足于自身区位优势,围绕核心产业,带动其他产业的发展,形成产业间的互补与互动。

第三,加强区域间的合作与交流,实现区位优势的互补以及产业链的延伸与对接,进一步完善产业结构。每个区域都有其独特的区位优势和资源优势,相对也就有其劣势,产业结构的调整不能在一个单一的封闭区域中完成,而是应该更广泛地利用周边乃至全国各区域优势完善自己,同时提升他人。例如天津滨海新区周边的河北省有着丰富的劳动力资源和能源供给市场,而近邻北京市有着完善的现代服务业体系等,这些都能为滨海新区的发展提供良好的条件,而滨海新区的发展又能带动两地经济的良性发展和快速增长。另外,不同区域间的相同或相关产业可能其发展水平不同,通过产业链的外延和对接,能够实现不同区域间的产业合作与交流,完善和优化本区域的产业结构。例如天津滨海新区某些产业与周边地区优势产业进行对接与合作的例子等。

第四节 电子商务对区域经济结构与范围的影响

传统理论中影响区域经济结构和范围的三大要素为自然资源、人力资源和交通运输。随着我国经济转型和市场需求的转变,电子商务作为新兴产业在我国区域经济结构优化和发展中起到了重要的推动作用。

电商产业属于综合性产业,与第一、二产业、物流业、零售业等发展息息相关,电子商务产业的快速发展带动了相关产业集聚和业态创新,从根本上推动了城乡区域经济结构的转变。电子商务应用水平和现代物流的发展程度成为影响未来区域经济结构和范围的两个新兴要素。电子商务的发展助推现代物流体系的建立，提高我国商贸流通业的专业化、现代化水平，同时高水平的现代化物流业改变着区域经济的产业价值结构，加速区域间的市场流通进而加大区域经济的扩张范围。电子商务集约化、信息化、低碳化的发展规律符合国家经济新常态下对于产业升级的客观要求，因此大力发展区域电子商务加快转变区域产业结构，对区域经济的良性发展有着重要意义。

一、我国区域经济结构和范围特点

区域经济结构是指一个区域内经济单位之间的与技术、制度相关的组织联系和数量关系，是区域经济的重要影响因素。区域经济结构的组成部分包含产业结构、企业结构、所有制结构、技术结构和要素结构。影响区域经济结构的因素是多方面的，同时区域经济的发展也受到自然因素、技术因素、需求结构等客观因素的限制，与政策法规、分配机制和要素市场等因素也息息相关。我国区域经济发展一直存在市场结构不平衡的问题，加之地域条件和政策等客观因素的影响，区域经济发展差距较大。区域经济发展不平衡极大地影响了我国城乡一体化建设进程的推进和区域产业结构的优化，在经济新常态下大力发展电子商务产业促进区域经济的交互流通拉动内需增长，是实现我国经济由高速增长向中高速增长平稳过渡的必由之路。

（一）区域经济结构发展规律

我国目前的区域经济布局是产业大分工模式的区域经济结构，我国虽然幅员辽阔但人口众多，从人均占有资源比例来看，我国的资源条件十分有限，加之历史因素在对区域经济发展认识上的局限，导致我国区域经济布局不合理。从总体来看，东部沿海地区发展优于内陆中西部地区，城镇地区经济优于乡村地区；从产业结构上来看，产业结构趋同与重复建设、资源浪费情况严重，第三产业发展不充分、区域间市场发展不平衡，很多地区仍以资源、人力等生产要素为经济增长的主要引导，产能过剩和内需不足抑制了区域企业的升级转型。

一种理论认为区域经济发展的总体规律呈现出梯度推移，具体表现为在自然环境、人文环境优越的地区，可以吸引大量的人力物力资源，加快这一地区的经济发展，经济发展阶段会吸引更多的优秀资源流向这一地区，因此加大了地区间经济发展的不平衡。当发达地区的市场投资处于饱和状态时，生产要素会向次发达地区回流，逐步形成梯度推进，这是市场资源配置所决定的规律。另一种发展极—增长点理论对梯度理论进行了补充，因为在一些经济不发达区域会出现小区域高速发展的现象，这就是发展极效应。

发展极-增长点理论认为每一地区的增长速度之所以会出现差距，是因为发达地区的主导产业和行业会因为拥有较多的资源而高速发展，成为地区的发展极并向周边区域辐射，在发展的带动下欠发达地区的相关产业和企业得到了长足的发展，不断缩小与发达地区的差距，实现区域间的协调发展。增长点和发展极产业通过技术、信息、要素等渠道向周边辐射，打破区域经济发展的壁垒，实现市场的全面流通。

（二）我国区域经济发展存在的问题

一是区域经济发展不平衡。改革开放以来，东部沿海地区依靠良好的地域环境和人口红利经济迅速腾飞，成为我国经济增长的最前沿。市场经济体制和市场资源配置功能要明显优于中西部地区，经济以平均10%—11%的速度增长，长江三角洲和珠江三角洲地区更成为我国的制造业中心。而中西部地区由于地域条件的限制以及区域经济壁垒，市场机制发展并不健全，内需不足和产业形态落后，尤其是东北、西北地区主要以资源型产业为主，市场活力差、结构不合理，这些因素都阻碍了中西部地区的区域经济发展，拉大了我国区域经济的差距。

东部地区近10年来GDP贡献率达到了60%以上，中西部地区与东部发展差距较大。与此同时，发展较好的东部地区同样面临着可持续发展问题。东部从产业结构来看制造业是经济增长的支柱型产业，大型工厂和超级大都市的聚集区都超过了当地环境的承载力，对于生态和资源的破坏十分不利于当地经济的可持续发展。加之超级大都市的"虹吸效应"，城市的医疗、人口、环境、教育等资源压力较大，地区间资源的不平衡流动，加剧了东西部经济差距。

二是区域产业结构趋同。由于计划经济体制的历史因素，我国在区域经济布局上并不合理。区域产业结构雷同缺少经济特色，许多地区的经济都是依靠资源型产业作为地区经济支撑，存在重复建设、资源浪费现象。区域经济合作在于地区间的产业优势进行互补以产生协同效应，通过不同行业间的良性合作，达到地区间的互利共赢。但很多地方政府偏重于本地区的经济指标，为了实现政绩不断在资源型产业领域进行重复建设，这就容易造成地区间产业同构，失去区域产业优势，形成市场的过度竞争。

三是地方保护主义严重。一些地方政府为了保护区域利益会设置一些地方保护政策，这就无形中阻碍了区域间的经济流通和市场资源配置功能的完善。很多受到区域保护的产业都是"三高"产业，在市场竞争不充分的情况下，对于区域经济长远健康发展十分不利。区域垄断的形成在空间上挤压了第三产业发展，同时弱化了市场配置资源的功能。作为流动性较高的服务业与其他产业有较为密切的关联，区域壁垒阻碍了生产要素间的流动和行业间合作，这也是造成产业结构发展不平衡的因素。

四是城乡经济发展不平衡。我国城乡市场一直以来处于条块分割状态，二元制经济结构造成了城乡经济发展不平衡。以农业为主的产业结构对资源的依赖性较大，农村地区基础设施建设不完善，产业处于分散状态，导致农村地区在消费、教育、医疗、收入和就业上的差距。因此，转变农村地区经济结构、优化产业结构、积极推进农村第三产业的发展、整合农村市场以扩大内需，是促进城乡经济一体化的根本途径。

二、电子商务对区域经济结构和范围的影响

电子商务应用水平和现代物流实现程度，成为影响区域经济结构和范围的重要因素。经济新常态下区域经济的发展将走上一条升级转型之路：由过去的价值链低端生产向中高端演进；由高耗能资源型企业向技术型低成本企业转型；由区域经济分割向区域经济一体化发展；由短期效益增长向可持续性增长转化。从产业结构方面来看，产业结构不断升级优化，第三产业占国民生产总值的比例将有所升高，区域经济结构不断优化，产业集聚形成，业态不断创新；从需求结构来看，服务类消费比重增加，消费层次逐渐提高；从城乡结构来看，城乡市场逐步走向一体化，产业统筹发展。一方面电子商务所具有的信息化、集约化、低耗能的管理运营模式，是未来区域产业结构优化的方向；另一方面电子商务促进区域产业业态创新，带动相关产业发展形成业态集聚，打破区域壁垒，加强产业优势互补，促进区域经济一体化发展。

（一）电子商务促进产业集聚

电子商务对于产业结构的影响主要表现在将不同产业联系起来，建立关联产业的协同运作模式。以电子商务为核心建立相关产业优势互补和区域经济交流，以实现市场的充分竞争，使市场资源达到优化合理配置。电商产业在实现资源共享、信息共享的同时建立完整的供应链体系，促进产业结构优化和企业转型升级。电子商务的发展打破了空间界限，改变了原有的产业辐射方式，电商产业在最大程度上把不同地区的产品生产、设计、运输、销售、推广环节进行关联辐射，构成区域经济辐射网络，演进为区域新的经济增长点。这种辐射方式不断以不同的关联点向外推进，以实现区域经济一体化为最终目的。

（二）电子商务带动产业结构优化

区域经济发展不平衡的根源在于产业结构发展的不平衡，电子商务作为新兴的服务性产业是扩大内需，转变消费结构，促进产业结构转型升级的内生动力。

1. 电子商务的低碳型发展模式，为产业结构调整提供了支持。目前我国区域经济发展仍以高耗能产业为主要支撑，这为区域经济的转型带来了很大限制，以技术创新型产

业代替高耗能高污染产业是经济新常态的基本要求。电子商务产业依托于信息技术不受能源和空间的限制，是低耗能、低排放的新型经济模式，适应区域经济可持续发展的要求。与传统经济发展模式相比，电子商务对于自然资源的需求比例更低，符合绿色经济的发展要求。同时电子商务突破空间限制，极大地提高了生产效率，将相关企业服务在最短时间以最简便的方式联系在一起，减少了能源占用和消耗。电子商务信息共享的高开放性，促进产业间的优势互补形成良好的产业空间，扁平化的供应链减少交易的中间环节，极大地推动了区域经济一体化的发展。

2. 提升第三产业比重，促进现代化物流体系构建。一方面电子商务本身属于集约服务型产业，在电商平台不断发展中，制造业、物流业、信息业和对外贸易等相关产业被紧密结合在一起。目前很多大型电商企业正在尝试发展物流一体化模式，在未来电商企业将以电子商务为核心不断整合相关产业采取集成化管理，在最大程度上提高生产效率、节约生产成本、减少交易环节。这种高度集成化的运营模式下，服务产业比重将呈几何倍增长，从而带动就业。另一方面电子商务产业的发展对物流业的发展提出了更高的要求，现代物流体系的建立包括物流的专业化和信息化完善。为了更好地适应不断扩大的国内外物流业市场需求，要进一步完善基础设施建设、加强信息化管理，现代物流业的发展将进一步改变城乡市场条块分割的状态，形成产业集聚，打破区域经济壁垒，实现区域市场间的充分竞争。

区域经济范围为纵坐标，电子商务和现代化物流应用程度为横坐标。随着电子商务应用程度的提高，区域经济范围呈某一幂指数大于1的幂函数曲线趋势增长，没有极限。现代物流影响曲线表明，随着现代物流程度的提高，区域经济范围呈某一极限函数曲线趋势增长，达到一定极限后控制区域经济范围扩大。

3. 扩大内需，转变消费结构。从总体来看，内需不足、产能过剩是我国区域经济发展动力不足的内因。电子商务的应用对于区域供给和需求影响是巨大的，主要表现在以下方面：首先，电子商务促进企业范围扩大，有效降低交易成本，提高交易效率与传统多层级的供应链模式有着巨大的差异。低交易成本对于消费市场的推动作用是巨大的，全国统一市场的形成将打破区域市场的垄断，消费者可以通过电商平台购买到更加合理的消费品。同时多元化的消费体验和产品选择，极大满足了消费市场需求，提高了消费层次。例如：扩大农村内需是推动城乡一体化建设的内生动力，过去农村市场并未形成完善的消费结构，消费层次较低，随着电子商务的发展带动了当地物流产业和制造业的发展，有效地带动了当地就业人口收入水平的提高和观念革新，提升了农村市场的消费层次，推动了城乡一体化发展。其次，二级市场成本的降低为企业提供了采购和扩大生产的前提条件，从而快速促进区域经济的增长。最后，电子商务在企业的横向管理和纵向生产方面都起到了极大的推动作用。企业信息化管理效率、生产效率的提高可以有效降低交易成本，增加企业的获利空间。作为微观经济体的企业是区域经济发展的重要支撑，电子商务的市场开放性是与我国区域经济的开放式发展要求相适应的，加速市场之间生产要素的流通，是推进区域经济一体化的关键环节。

三、电子商务促进区域经济发展的战略选择

制定区域经济发展战略应从两个方面入手，即区域经济结构和区域经济范围。笔者认为电子商务和现代物流在促进地区经济转型中作用重大。可以电子商务的应用带动区域产业进行资源整合，建立产业辐射圈以促进区域经济的协调发展，提高生产效率、降低社会成本，推进区域内企业的升级转型。战略的制定要因地制宜，根据区域内的地域条件作为战略制定的依据，设计合理的企业转型机制，才能更好地实现区域经济一体化的发展。

（一）促进商业实体增长

依托于有形市场和行业特点建立行业网站群，根据本地的产业特点发展特色产业，建立专业网站和电商平台，并进行引导推广，通过电子商务的发展将本地产业与其他地区产业进行关联，实现优势互补。在此基础上构建一体化电子商务平台进行信息集成化管理，依托大数据挖掘技术开展市场分析，运用指标进行市场风险预判。引导和鼓励市场经营实体进行电子商务转型，很多传统经济实体在具体市场经营中受电子商务冲击较大，高额的经营成本对企业发展产生制约，亟待转型。政府应给予相关政策倾斜，支持并运用调控手段引导实体经济进行电商转型，实现线上线下一体化发展，建立专业市场电子商务模式，运用专业的第三方电子商务平台，进行产业的推广和带动企业升级转型。与此同时，要建立与电商发展相配套的中小企业融资系统，为中小企业融资提供支持。另外，要培养电商企业的品牌意识、构建完善信用体系，鼓励企业运用电商优化供应链和价值链。

（二）完善支持系统

区域电子商务的发展需要物流技术和信息技术的支持，物流业的发展关系到电商营销体验水平和扁平化供应链效率，因此现代化物流体系的构建是区域电商发展的基础。一是要加强物流基础设施建设，实现物流企业的信息化管理，建立区域物流配送中心并向周边区域辐射，构建一体化的物流配送体系。二是建立专业化、信息化物流中心，将信息技术渗透到物流的各个环节中，以提高物流效率，降低交易成本。三是要建立完善

的支付体系。建立专业的第三方支付体系与金融机构进行合作，加速资金的流动，并建立风险预控机制，以保障支付的安全性。我国在区域信贷和电商融资方面缺乏市场监管主体，市场监管机制并未建立起来，导致部分地区电商的市场融资情况较为混乱、风险较高。相关部门应与企业、金融机构进行三方定点合作，并完善监管体系。四是加强人才支持。加强地区高职院校电子商务实践平台的构建，与企业进行对口合作，建立双师制教学，定期委派企业人员进行实践教学，培养实践性电子商务人才，加强综合性电商人才的培养。

（三）建立保障机制

首先，企业应当明确市场定位，在向电商市场转型中明确企业的发展优势，制定切实可行的市场战略。企业管理层要用先进管理理念，统筹协调区域电子商务的发展。其次，完善电商市场的监管，尤其是消费者隐私保护监管体系的建立。随着电商的高速发展，大数据挖掘和分析技术对于电商企业市场战略的制定是重要的参考依据，但作为新兴市场缺少相关立法，企业在准确了解消费市场的前提下，如何约束其加强消费者隐私的保护至关重要，这关乎电商行业未来的健康发展。再次，政府应制定精准的扶植政策，在融资担保和资金服务方面予以支持，探索全新的电子商务融资体系。保障机制的建立离不开规范的市场监管，电商市场作为区域经济新兴增长点，需要合理规范的政府监管和行业规范，地方政府应形成联动机制，建立统一的管理部门，对电商市场进行实时监管和统一规范。最后，要注重微观配套机制的建立。电子商务营销偏重于体验式和差异化营销，这是未来市场营销的方向。与实体经济不同，电商营销体系的构建不仅需要技术的支持，同样需要新的营销理念，个性化消费需求决定了电商企业必须建立以客户为中心的精准营销策略，对客户进行消费行为和消费特征的分析，并加以精准推广以提高推广效率，尽快打开市场，以增强电商企业的区域影响力。

电子商务的应用水平是关系到区域经济结构和范围的新要素，电子商务作为新兴服务型产业将各个产业相关联，实现产业之间的优势互补，加速推进区域经济一体化。电子商务的应用加快推进现代化物流体系的建设，打破区域市场壁垒，激活市场配置功能，促使资源配置更加合理优化。电子商务的应用改变着区域经济的产业结构，不断促使区域经济范围向外扩张，最终达到区域经济的平衡发展。电子商务的发展是我国未来产业结构优化和经济结构升级转型的引导方向，电子商务低耗能、高效率、集约化的运营模式，将为我国中小企业的发展提供动力和支持。因此，提高电子商务应用水平，建立信息化、专业化的物流体系，实现区域市场的充分竞争，是经济新常态下区域经济发展的必然要求。

第五节　政府在协调区域产业结构中经济政策的均衡性

不论哪一种区域，作为全国的一部分，其产业结构优化问题必须从两个方面进行考察：一是承认区域相对优势的区位，从比较利益角度衡量区域产业结构的合理性；二是从宏观经济层次上协调区际关系，追求国民经济整体的最大利益。与全国产业结构优化相比，区域产业结构优化的关键在于如何摆正地区利益与国家利益的关系，并把它们最大限度地协调起来。

一、区域产业结构调整的必要意义

区域产业政策（regional industry policy）是政府（中央政府和地方政府）为促进区域经济协调和区域经济发展而制定和实施的一系列政策。区域产业政策与政府产业政策紧密关联，前者是后者在区域层面上的延伸和具体化；后者是前者在宏观层面上的体现。二者形成一种相互促进、互为补充的关系，共同服务于全国及各区域产业结构的优化、升级及产业竞争力的提升。区域产业政策的作用及效果有赖于其实施机制及政策的合理性与科学性。

现代产业理论指出，资源配置结构的演化，是经济发展的结果，也是经济发展的前提，发展就是结构的高级化，结构优化是经济发展的永恒主题。区域产业结构的调整，能保证经济增长率较高的产业部门对资源的需要，使社会总资源得到合理的配置与利用，可提高单位资源的产出效益，使总量增长始终有充分的后劲，以较高速度进行。区域产业结构的调整，能保证主导产业对其他产业的带动作用，一马当先，可以造成万马奔腾的局面，使整个经济增长不断获得新的驱动力。

区域产业结构调整，能保证区域经济持续快速发展，不合理的区域产业结构不利于区域经济的发展。我国已经到了以区域产业结构调整促进区域经济发展的阶段；不调整就不能继续前进，不调整就不能进行健康发展。

二、区域产业结构政策协调的范畴与均衡的重点

我们知道，区域产业政策是指政府为了实现某种经济和社会目标，以区域产业为直接对象，通过对有关产业的保护、扶植、调整和完善，参与产业或企业的生产、经营、交易活动，以及通过直接或间接干预商品、服务、金融等方面的市场形成和市场机制来

影响区域布局和发展政策的总和。区域产业结构政策是根据区域产业结构变动趋势而制定的，为促进区域产业结构接近理想状态而实施的政策措施。区域产业结构政策，可以及时淘汰落后产业，支持新兴产业，并有效促进区域产业结构高度化。如果没有区域产业结构政策，完全由市场机制来调节，则落后产业可能得不到及时淘汰，而运用区域产业结构政策就可以克服这些缺点。

所谓区域产业结构政策协调问题，首先是地区与国家产业结构政策的协调，其含义是各地区根据国家的总体产业政策，在深入分析本地区经济发展条件的基础上，来确定本地区有发展潜力的优势产业并加以一定扶持；其次是地区与地区之间产业结构政策的协调，即各地区在制订产业发展规划时，不仅要看到自己是否能发展某些产业，还应当看到其他地区是否更适合发展这些产业，是否已经发展了这些产业。通过地区之间优势与劣势的相互比较，明确本地区的绝对优势和相对优势之所在。同时，通过一定机制加强地区之间协商，协调好彼此的产业发展战略，实现合理的区域分工，避免地区产业结构雷同。主要要协调好三个问题：地区与国家产业结构政策的协调；地区与地区之间产业结构政策的协调；政府间协调机构和企业间合作组织的协调作用。

三、政府在协调区域产业结构时对突出经济政策均衡的建议

（一）实施经济区域制度和政策一体化，统筹促进区域经济协调发展

主要是在户籍制度、就业制度、教育制度、医疗制度和社会保障制度等方面加强地区之间的行政协调，构建统一的制度框架和实施细则，实现经济区域制度架构的融合。同时，构建区域产业发展政策协调和磋商机制，制定与协调各行政区域的财政政策、货币政策和产业政策等，减少政出多门、各自为政的现象，并逐步在招商引资、土地批租、外贸出口、人才流动、技术开发和信息共享等方面统一政策，在区域内营造交易成本降低的政策环境。

区域产业政策不仅服务于各区域产业发展和竞争力的提高，而且还应服务于国家整体区域经济的协调发展，在这方面，国家制定实施的区域产业政策将发挥不可替代的作用。我国幅员广阔，各区域经济、社会、文化发展很不平衡，产业素质和水平差别也较大。针对这种状况，国家区域产业政策应有效地发挥各区域资源、要素比较优势，促进各区域产业协调发展，并进而实现国家区域经济协调发展。各地方政府也应该因地制宜，从各区域实际情况出发，制定出切实可行的区域产业发展政策和战略，扬长避短，发挥优势，促进区域产业经济快速健康发展。为此，区域产业政策应选择特定时期合适的区域主导产业，形成大中小企业协调配套的区域产业组织结构，发展产业集群，促进区域

产业技术进步，提高区域比较经济利益，实现区域资源的优化配置。

（二）持续实现区域产业生产力的合理布局，充分发挥区域比较优势

持续实现区域产业生产力的合理布局，充分发挥区域比较优势，包括加强各地区现有支柱产业的跨地区企业联合和重组；建设区域性高新技术产业群落和企业网络；形成高新技术产业服务的知识密集型服务业和通过产业区域转移实现区域结构和布局优化。遵循效益原则，合理布局区域产业生产力，充分发挥区域比较优势，是区域经济发展的客观要求。实现区域产业生产力的布局合理，仅靠市场机制是难以实现的，必须充分发挥国家产业政策和区域产业政策的作用。区域产业结构与生产力的区域布局具有密切的关系，从某种意义上也可以说二者是同一的运动变化过程，区域产业结构的调整也就意味着生产力空间或区域布局的调整，因为产业总是坐落于一定区域之内，区域产业结构发生变化，生产力区域布局也必然要发生相应的变化。区域产业布局是区域产业运行在空间上的实现，从原则上讲，产业结构的调整与生产力区域布局调整的经济效益是可以统一的。区域生产力合理布局主要是解决在区域经济发展的不同阶段，区域内各产业空间组合的最佳形式即合理的区域产业结构，以求合理地利用区域资源，求得最大的区域效益。因此，通过区域产业政策合理调整区域产业结构，将有效地实现区域产业生产力的合理布局，实现产业资源的空间配置效益最大化。

（三）实施灵活的政策，充分挖掘经济政策倾斜性的特征，促进重点、特色建设的发展

如果说系统性是对区域产业政策的整体结构而言，那么倾斜性则是对区域产业政策系统内部各项政策地位及作用的影响。即在区域产业政策内部，各项具体的产业政策并不处于等同地位，其作用和地位具有轻重缓急之分，这主要与特定地区的经济发展程度、发展目标和面临的区域经济发展政策等因素有关。与国家产业政策相比，区域产业政策的这种倾斜性更为明显，更强调要优先发展区域的主导产业、优势产业和支柱产业，带动整个区域经济的发展。区域产业结构系统是内外开放的，各区域产业结构之间的分工与协作，要求区域产业结构的变化通常采取非均衡发展方式，从来没有平衡发展区域各个产业的区域产业政策。当区际交换能比本地区自己经营具有更大的收益时，就应该放弃自己的某些行业或产品生产，通过区际交换和协作来满足本地区的需求，而不是一味地追求自我平衡，强求区域产业体系的完整性，搞封闭式发展。因此，合理的区域产业政策应当是重点突出、适度倾斜、整体协调，倾斜性是其重要的特征。

从中央政府制定的区域产业政策来说，倾斜性则表现在中央政府立足于全国经济发展的大局，对特定区域产业发展实施的一定程度的倾斜和扶持，以实现全国各区域经济

社会的协调发展。众所周知，区域经济发展水平主要依托于各区域产业发展的水平，区域经济发展差距的产生主要是由于区域产业发展水平的差异而形成进而放大的。因此，中央政府要缩小区域经济发展的差距，实现协调发展，一个重要的方面就是要实施具有一定倾斜性的区域产业政策，促进落后地区产业的振兴和发展，进而推动这些地区经济与社会的发展。区域产业政策的这种倾斜性在现阶段我国区域经济发展过程中有明显的体现。我国在实施西部大开发、中部崛起和东北老工业基地振兴等重大战略过程中实施的经济政策，相当一部分是促进这些地区产业发展的政策，它们构成中央产业政策体系中带有一定倾斜性的区域产业政策。

如何调整区域产业结构、选择主导产业以及如何加快培育和发展主导产业，应是制定区域产业政策时要解决的重要问题。如果这方面不取得突破，调整区域产业结构和进行主导产业选择就只能是一句空话。任何经济政策都要为解决特定的经济发展问题和实现一定的经济社会目标而制定的。区域产业政策是针对区域产业发展过程而制定的有关政策，其制定实施同样服务于一定的目标，发挥其特有的作用。

区域产业结构的调整与优化，本质上就是正确地选择区域主导产业，合理确定其发展数量和规模，使之承担起全国区域分工的任务，以此为核心，协调各产业之间在数量和比例上的关系。在原有主导产业因条件发生变化，优势被削弱的情况下，使新的主导产业接续上来，保证区域经济系统的正常新陈代谢，使区域经济的发展始终保持旺盛的势头。

第六节　我国区域税收负担差异与地区产业结构关系

目前，由于地理环境及资源差异，导致我国东、中、西部经济发展的不平衡，也形成了不同地区、不同产业布局的现状，东部地区第二、三产业相对集中，而中西部地区更多发展的是第一产业。但不同地区的产业结构差异，造成了区域税收负担的差异，主要原因在于第二、三产业属于高税产业，而第一产业增值较低，税收较少。另外，国家为了促进东部地区经济的快速发展，往往会给予更多的税收优惠来吸引更多资本流入，这又加重了税收负担的失衡，也间接加剧了产业结构在地区间分布的不合理性。因此，本节以我国区域税收负担差异为基础，分析研究其对地区产业结构的影响程度以及成因，并针对存在的问题提出相应的对策建议。

一、税收负担影响产业结构的作用机制

税收政策是我国宏观经济调整的重要政策之一，也是推动我国产业结构优化及升级的重要手段。税负的轻重对产业结构的影响起着至关重要的作用，其对产业结构的影响具体如下。

（一）行业税收影响企业投资方向

国家政策对行业的倾斜度不同，给予行业的扶持力度就会产生差别，这种差别主要体现在税收政策的运用上。国家大力扶持的行业可能会给予更多的税收优惠政策，以降低其税收负担，提高行业的投资回报率和在市场上的竞争力，从而促进了这个行业的快速发展。行业的投资回报率高又间接吸引更多资本的流入，进而达到了推动产业结构调整的目的。

（二）产品税收影响消费者的消费行为

不同企业主体、不同的商品承担的税负水平也有所不同，而税负水平会对商品的价格造成直接的影响，这种影响使两者呈正向关系变动。所以国家采用优惠的税收政策不仅能影响商品的价格进而改变商品的供求关系，而且也一定程度上可以引导消费者消费行为的变化，拉动需求的增长，最终达到产业结构调整的目的。

（三）区域税收影响区域产业结构分布

区域的地理位置和资源条件为区域经济发展奠定了基础，优越的地理条件可以促进区域经济快速发展。从我国的地理位置来看，东部的地理条件和资源条件相对优越，中部次之，西部最差。由此，也形成了东、中、西部的经济发展以及产业结构布局的差异。东部地区以第二、三产业为主，而中、西部大多以第一产业为主。根据我国税收政策安排，第二、三产业属于高税负产业，而中、西部第一产业为低税负产业。这样的产业布局直接导致区域税收负担的不均衡，从而也造成区域事权与财权的不匹配，进而影响到产业结构的优化调整及区域经济的协调发展。因此，对中西部地区实行较多的税收优惠，吸引资本流入，是实现区域产业结构调整的主要路径。

二、区域税收负担差异成因分析

我国经济要素在各个地方的分布情况是不一样的，而且在各地方经济的发展过程中，第一产业、第二产业和第三产业的分布情况和所占比例也是不均匀的。在我国，各地方经济还会受到其他的因素影响，比如生产力水平、技术水平、外在政府的各项政策规定、

税收征管能力等方面的影响。经济发展水平的差异是导致我国地区间税负差异的主要原因。而经济发展水平不平衡，相当大一部分是因为我国各地区实行的发展战略不同。

自我国实行对外开放以来，我国地方各区域经济的发展迅速。国家首先设立了深圳、珠海、汕头、厦门四个经济特区，然后开放十四个沿海城市，同时从财税政策、金融信贷政策等多方面支持沿海地区发展。到了2000年左右，在继续鼓励东部率先发展的同时，国家开始推进西部大开发战略、2003年实施振兴东北老工业基地战略和2004年提出促进中部地区崛起战略等。这些战略实施过程的早期，大多选择使用税收优惠政策，随着这些战略的逐步推进，政府开始更多地选择财税优惠并举。财税政策组合比重的差异也导致了区域税负差异。

第一，沿海开放地区率先发展过程中财税政策的扶持发挥了重要作用。在早期，国家批准设立的出口保税区、加工区等全部分布在东部沿海，不但受到经济特区、高新技术产业开发区、保税区的各项税收优惠政策的支持，而且还有专门的税收政策优惠。除此之外，在早期沿海的开放地区，土地审批和行政审批方面都有很多的优惠。这些税费两方面的优惠政策在促进这些地区的资本形成、技术进步等方面起到了非常重要的作用。

第二，实施西部大开发过程中财税政策发挥了积极作用。西部地区资源丰富但经济发展相对落后，人均GDP仅相当于全国平均水平的2/3。因此，国家从财税、银行信贷等多方面支持实施西部大开发战略，投资西部政府鼓励类产业，对于电力、水利、邮政等基础产业的外来企业，税收优惠方面，其所得税税负较中东部轻50%还要多；财政上加大对西部地区转移支付力度。银行信贷方面，从2001年起，中央财政对中西部地区大型的基础设施项目银行贷款实行大量的财政贴息。

第三，振兴东北老工业基地方面，中央政府在东北地区实施了一系列的优惠政策，包括社会保障改革、增值税改革、企业所得税优惠、农业"两免一补"等。尤其值得肯定的是税收政策的成效方面，仅仅两年就为企业减税130多亿元。诸多财税政策及配套措施的实施也导致了新的地区间宏观税负差异的格局。

三、平衡区域税负促进产业发展的对策建议

促进产业的发展，平衡区域间的税负，须针对不同区域合理设置生产要素税收区间，完善促进企业自主创新和科技进步的税收政策，针对资源充裕生产区域合理改革资源税，优化增值税的区域差异化税收安排，合理运用税收优惠和制度化等措施，推进产业结构优化调整。

第一，优化税制结构、完善税收制度。首先，在流转税方面：进一步完善增值税

的制度建设。2016年5月1日之后，我国营业税改征增值税的改革全面推开。下一步，可以考虑完善增值税的计算征收制度。自1994年始，增值税对中小企业实施按全部产值为税基征增值税，不进项抵扣。这在一定程度上导致了对广大中小企业的税收歧视，也导致了地区间税负横向不公平。因此，要采取措施消除这种不公平。其次，在直接税方面：一方面是进一步完善企业所得税。通过调整税收优惠政策，从区域优惠为主转向以产业优惠为主、从直接优惠为主转向间接优惠为主。另一方面是进一步完善个人所得税。目前我国个人所得税分类征收模式不尽合理，导致收入相同而来源不同的纳税人上缴的税额不同，改革方向应当是从分类课征逐步过渡到综合课征的方式。最后，在其他税方面开征诸如社会保障税、燃油税、环境税等，弥补我国的税收体系。

第二，注重税收实际征管的水平。提高税收征管效率应该做到健全税收法制保障，尽快出台相关的明细法律条文。以纳税人为本，让纳税申报环节规范化、多元化、便民化，构建税收服务体系。以信息化建设为重点，提高税收征收率。同时建立科学、高效的新型税务稽查体系。

第三，优化产业结构，推动产业升级。优化产业结构，重点推进第三产业的发展。第三产业附加值高，其发展程度的高低已成为衡量现代经济发展程度的主要标准。因此，各地区都应该大力发展第三产业，加大第三产业在三大产业中所占的比重，尤其是经济发展落后的区域。这样才能创造出更大的价值，逐渐缩小和发达地区的差异。积极推动第二产业内部经济结构优化。东部地区和中西部地区在第二产业的差异对地区税负差异影响很大，东部技术先进，投入高产出高；而中西部地区大多是以资源带动的重工业，投入产出比低，利润率不高。因此，中西部地区应当引进先进技术，加大研发投入，转变高能耗低产出的发展方式，实现第二产业的技术升级。

通过以上分析可以得出，促进地区间经济平衡发展，需要从根本上调整地区间的产业结构布局，而税收政策是调整产业结构的重要的政策工具。因此，完善我国的税收政策，改进税收制度不合理的设计，政府再给予一定的支持，就能改善区域税收负担差异问题，从而间接促进产业结构升级和优化，使我国经济能够实现均衡发展。

参考文献

[1] 白波, 郭兴文. 博弈：关于策略的 63 个有趣话题 [M]. 哈尔滨：哈尔滨出版社，2005.

[2] [美] 曼昆. 经济学原理：第 6 版. 微观经济学分册 [M]. 北京：北京大学出版社，2012.

[3] 凯文·凯利. 必然 [M]. 北京：电子工业出版社，2016.

[4] 杰里米·里夫金. 零边际成本社会 [M]. 北京：中信出版社，2014.

[5] 汤姆·斯利. 共享经济没有告诉你的事 [M]. 南昌：江西人民出版社，2017.

[6] 克莱·舍基. 人人时代：无组织的组织力量 [M]. 北京：中国人民大学出版社，2009.

[7] 社群经济研究院. 社群经济：移动互联网时代未来商业驱动力 [M]. 北京：机械工业出版社，2015.

[8] 蕾切尔·波茨曼, 路·罗杰斯. 共享经济时代：互联网思维下的协同消费商业模式 [M]. 上海：上海交通大学出版社，2015.

[9] 周扬明. 时空经济学论纲 [M]. 北京：人民出版社，2000.

[10] 荣朝和. 经济时空分析——基础框架及其应用 [M]. 北京：经济科学出版社，2017.

[11] 景天魁, 何健, 邓万春, 等. 时空社会学：理论和方法 [M]. 北京：北京师范大学出版社，2012.

[12] 克莱·舍基. 认知盈余：自由时间的力量 [M]. 北京：中国人民大学出版社，2010.

[13] 约翰·奈斯比特. 大趋势 [M]. 北京：中国社会科学出版社，1984.

[14] 亚历克斯·斯特凡尼. 共享经济商业模式：重新定义商业的未来 [M]. 北京：中国人民大学出版社，2016.

[15] 张洁, 高汝熹. 知识服务业：都市经济第一支柱产业 [M]. 上海：上海交通大学出版社，2004.

[16] 约瑟夫·派恩,詹姆斯·吉尔摩.体验经济[M].北京:机械工业出版社,2012.

[17] 鲍健强,黄海凤.循环经济概论[M].北京:科学出版社,2009.

[18] 傅国华,许能锐.生态经济学[M].北京:经济科学出版社,2014.

[19] [英]摩尔.伦理学原理[M].上海:上海世纪出版集团,2005.

[20] 鲍明晓.体育产业[M].北京:人民体育出版社,2000.

[21] 杨干忠.社会主义市场经济理论概论[M].北京:中国人民大学出版社,2010.

[22] 罗尔斯.作为公平的正义[M].上海:上海三联书店,2002.

[23] 罗尔斯.正义论[M].北京:中国社会科学出版社,2011.

[24] 谢燕妮.低碳经济背景下企业核心竞争力评价研究[D].武汉理工大学,2011

[25] 郭晴.物流企业低碳竞争力评价与发展对策研究[D].济南大学,2015

[26] 吕超.布哈林世界经济理论及其当代价值研究[D].扬州大学,2011.

[27] 郭梅君.创意产业发展与中国经济转型的互动研究[D].上海社会科学院,2011.

[28] 刘志刚.推进城乡一体化发展的财政政策研究[D].财政部财政科学研究所,2012.

[29] 闫春.创新开放度与开放式创新绩效的机理研究[D].浙江大学,2012.

[30] 刘艳.改革开放以来中国共产党人马克思主义理论教育思想发展研究[D].山东大学,2013.

[31] 佟仁城,刘轶芳,许健.循环经济的投入产出分析[J].数量经济技术经济研究,2008,25(1):40-52.

[32] 诸大建,臧漫丹,朱远.C模式:中国发展循环经济的战略选择[J].中国人口·资源与环境,2005,15(6):12-16.

[33] 荣朝和.论时空分析在经济研究中的基础性作用[J].北京交通大学学报:社会科学版,2014,13(4):1-11.

[34] 陈如明,程方.智能城市及智慧城市的概念、内涵与务实发展策略[J].数字通信,2012,39(5):3-9.

[35] 詹玉华,金小方.当代中国生态经济理论的思想来源与构建[J].华东经济管理,2017,31(7):62-67.

[36] 何悦.马克思生态经济理论中国化困境与展望[J].中国人口·资源与环境,2015,25(S2):221-223.

[37] 黄芳芳.基于社会工作理念和方法下的高校学生工作创新研究[J].社会工作与管理,2017,17(04):44-49.

[38] 杨锦川. 浅谈自由贸易区政治经济研究的理论[J]. 现代经济信息, 2017, 12(09): 183-183.

[39] 黄文忠. 关于中国(上海)自由贸易试验区的政治经济学[J]. 福建论坛(人文社会科学版), 2016, 10(05): 232-233.

[40] 李艳丽. 自由贸易区政治经济研究的理论综述[J]. 商场现代化, 2016, 23(16): 199-201.